Digital Archive

# デジタルアーカイブの理論と政策

## デジタル文化資源の活用に向けて

柳 与志夫

勁草書房

# はしがき

デジタルアーカイブ学会が設立されて二年が経つ。本来ならまだ二年というところかもしれないが、個人的には「もう」二年という感じが否めない。私たちの講座で学会の事務局を引き受けていることもあり、設立準備から始まり、研究大会やシンポジウム、定例研究会等の開催、学会誌の発行、学会賞の創設、シリーズ『デジタルアーカイブ・ベーシックス』の刊行など、めまぐるしく動いてきたことがその背景にあるのかもしれない。そうした中で思っていたのは、そろそろデジタルアーカイブ論の基礎固めをしなければいけない時期に来ているということだった。すでに三回の研究大会を開催し、回を重ねるたびに発表件数も増加し、各地各所におけるデジタルアーカイブ構築・運用の事例、新しい技術適用事例が報告されていた。こうした時にこそ、少し原理的な部分についてもしっかり取り組んでおく必要を感じていたのである。もちろん、デジタルアーカイブ論は、最終的には現実のデジタルアーカイブの構築・利用の改善に役立つための実学であるが、そうであればなおさら現実への理論適用性を担保するための基礎理論が必要と思われた。

これまで筆者は『知識の経営と図書館』（二〇〇九年）、『文化情報資源と図書館経営』（二〇一五年）と刊行していく中で、当初の図書館経営論から文化情報資源論、特にその政策・経営面に関心が移ってきた。デジタルアーカイブ論に文化情報資源論が集約されるわけではないが、理論面・政策面の両面でその突破口になりうるのではないか、というのがこの数年深くデジタルアーカイブに関わるようになってからの実感である。その意味でデジタルアーカイブには基礎理論に加えて、さらに政策論も必要なのである。もとより筆者ひとりでその責を果たせるようなことではないが、本格的な理論研究・政策研究のきっかけをつくることぐらいはできるのではないか、それが本書刊行の目的である。

本書は、デジタルアーカイブの核となるデジタル文化資源の特性と活用を論じた第Ⅰ部、電子書籍や電子図書館が歴史的・理論的にどのようにデジタルアーカイブに関係しているのか・していないのかを考えた第Ⅱ部、それを受けてデジタルアーカイブの理論的考察と政策形成の方向性を論じた第Ⅲ部の三部構成となっている。第Ⅰ部・第Ⅱ部は既出論文をベースに新しい考察を加え、第Ⅲ部は両論とも今回の書下ろしである。第Ⅲ部については、まだ問題提起ができた程度ではあるが、批判を含めて今後の議論を呼び起こすことができれば望外の幸せである。

# デジタルアーカイブの理論と政策

デジタル文化資源の活用に向けて／目　次

目　次

## 第Ⅲ部　デジタルアーカイブの理論化と政策化に向けて

# 第Ⅰ部　「デジタル文化資源」の発見

# 第Ⅰ部　まえがき

第Ⅰ部はデジタルアーカイブの前提となる文化資源及びデジタル文化資源に関わる論考三点を収めた。先ずお断りしておきたいことは、キー概念となる文化資源の用語上の使い方である。第一章では「文化・知的情報資源」、第二・第三章では「文化資源」と「文化情報資源」の三つの用語が使われている。後二者の関係は、文化資源は社会的側面、審美的側面、象徴的側面などいろいろな観点からの考察が可能であるが、情報資源としての側面に焦点をあてた場合に「文化情報資源」としている。しかし近年では、筆者自身が専ら情報資源としての側面についてのみ文化資源を論じていることもあり、文化情報資源の意味で「文化資源」の用語を使うようになっている。その意味で、本書では特に断らない限り、文化資源とは文化情報資源のことだとご理解いただきたい。「文化・知的情報資源」については、文化情報資源と意味上違いはない。その意味で本書収録を機に用語を統一することも考えたが、「文化情報資源」に行きつくまでに重ねてきた用語上・概念上の考察の軌跡を残すことにも意義があると考え、そのままにしてある。「文化情報資源」と置き換えてお読みいただければ幸いである。

第一章は、竹内比呂也・野末俊比古両氏との共著の再録であるが、海外、特にEUの文化情報資源政策を分析することによって我が国のこれからの文化情報資源政策形成の課題を抽出することを目的にしたものである。執筆から二十年近くたっていながら、今回の第八章執筆にあたって改めて参照してみて、その課題のほとんどがそのまま現代の我が国の課題として残されていることに今さらながら驚かされる。

第二章では、文化資源との対比を通じてデジタル文化資源の特性を明らかにしようとした。それはデジタルアーカイブの在り方を基本的に規定するものだからである。用語としては、デジタル化されていることにより、情報資源としての性質を帯びているので、デジタル文化情報資源という言い方はせず、「デジタル文化資源」でその後は統一している。

第三章は、第二章を受けて、特にデジタル文化資源の活用面の問題について論じたものであり、それを可能にする装置としてのデジタルアーカイブにつながるものと考える。

# 第一章　我が国における文化・知的情報資源政策形成に向けての基礎的考察

（竹内比呂也・野末俊比古氏との共著）

## はじめに

情報通信技術の進歩にともない、「文化・知的情報資源（cultural and intellectual information resources）」を支えてきた制度的・技術的・理論的枠組みが大きく変化しており、インターネットを介したコンテンツの生産と利用の垂直的結合やデジタルコンテンツをめぐる図書館、博物館（美術館を含む）、文書館の水平的統合が現実のものとなりつつある。また、知識社会の形成をめざす動きのなかで、国の文化・経済力を支える社会的ストックとしての文化・知的情報資源の構築と利用について、その重要性を指摘する論調も高まっている。このような環境下において、諸外国では文化・知的情報資源の政策的研究が進みつつあるものの、我が国では立ち後れていると言わざるをえない。

また、文化経済学研究の観点からも、文化・知的情報資源は本来、その重要な研究対象分野であり、構成要素であるはずであるが、これまでアート財等の経済学的な「財」としての側面だけが考察の対象となりがちであった。しかし、そうした財としての性格は、文化・知的情報資源の一側面に過ぎず、政策的・社会的・情報学的側面を含め、全体的に考察することにより、今後の文化経済学研究の土壌をより豊かにすることができると考える。

そこで、本章では、今後における理論的・政策的研究のための論点整理を行うことによって、我が国における文化・知的情報資源をめぐる政策形成に向けた基礎的考察を試みる。

以下、第一節において、これまで様々な立場からなされてきた文化・知的情報資源に対する理論的・政策的アプローチについて批判的に検討する。第二節では、文化・知的情報資源形成の具体例として、海外における公共デジタルアーカイブ構想について詳述し、第三節では、欧州における文化・知的情報資源関連政策の動向を検討する。第四節では、まとめとして、第一節から第三節での検討を踏まえ、今後、我が国において検討が必要な政策的要件について考察する。その際、特に図書館情報学的アプローチを採用することによって、文化経済学における文化・知的情報資源研究の新たな方向を示すことを試みる。

## 第一節 文化・知的情報資源政策の必要性と立脚点

### 1. 政策形成の必要性

文化・知的情報資源という概念は、日本ではほとんど馴染みがなく、ようやく研究対象として認識され始めたところであり[1]、現実の政策的課題としてはまだ認知されていないのが現状である。しかし、日本においても文化・知的情報資源政策形成の必要性は高まっており[2]、その背景としては以下の四つの要因が考えられる。

①欧米先進国はもとより、中国、韓国、シンガポールなどアジア諸国においても、文化・知的情報資源政策は、今や重要な課題として優先的な取り組みがなされている。その目的は、国家的な文化・知的情報資源形成を基盤とした「文化力」を背景に、国の政治的・経済的戦略を組み立て、国際化に対応しようとするところにある。米国は、従来から旧広報・文化交流庁（現国務省国際情報プログラム局）を中心とする政府の施策はもとより、マクドナルドやクレジットカードに代表される新しい消費文化を世界的に普及させることによって、「経済のグローバル化」＝「世界のアメリカ化」を実現させてきたが、欧州各国や中国は、単に自国文化の伝統を守るということではなく、米国に対抗した国家戦略の展開に不可欠のものとして文化・知的情報資源政策を位置づけている[3]。

②出版その他の国際的メディア関連企業の吸収合併、寡占化が進み、各国の文化・情報・産業政策はその影響を受けざるをえない状況になっており、その一例として出版分野におけるエルゼヴィア社の電子ジャーナル戦略を挙げることができる[4]。国際的企業の積極的な吸収合併による市場支配力の増大に対して、国内の個別機関ごとに対応することは困難であり、国レベルのメディアあるいは情報・文化に関する戦略がない場合、国全体として不利な立場に立たされかねない。

③デジタル化の進展によって、従来の文化・知的情報資源の管理を支えてきた制度的・技術的・理論的枠組みが大きく変化している。コンテンツの生産と提供・利用の場を直結する垂直的統合[5]と、図書館、博物館、文書館などの類縁機関がそのデジタルコンテンツを横断的に共有する水平的統合[6]とが同時に進行しており、そ

の変化がデジタル情報だけでなく、旧来の紙メディアによる情報の生産・流通・消費にも大きな影響を与えつつある。

④日本経済の活性化という観点からも、従来のハコモノ行政、大量生産・大量消費、情報システム構築、フロー情報の活用などの限界に多くの企業が気づき、経済の活性化を支える文化資本の構築とそれを利用した高価値を持つ商品・サービスの提供に目を向け始めている。(7) また、減量経営と民営化を進めてきた各国政府も、公共的文化資本となる情報ストックの構築に本来の役割を見出そうとしている。その点で米国は、MEDLINEに代表されるような、(8) 政府による情報の積極的な生産・提供を長年にわたって続けており、日本政府の立ち遅れとは対照的である。

以上四点の現実面での動きは単なる偶然の一致ではなく、商品経済や金融に代わって経済の主役に立とうとしている「知識経済」(9) 化の潮流を反映しており、それを支える様々な理論が、経済学・経営学の枠を超えて提示され始めている。芸術という知識資産を産業構造転換の基盤に据えようとする「芸術立国」(10) や、文化の充実による「ソフトパワー度」の高さを世界的大競争時代の都市の条件とする考え方など(11) は、その一例である。

こうした考え方は、当然ながら経済学・経営学においても中心的に論じられている。(12) 新しいビジネスを興す基盤を提供する「プラットフォーム・ビジネス」(13)、文化経済学におけるアート財や文化資産の概念、〝現場の知をその現場の改善だけに活用するのではなく、むしろ、客観化して知識として把握したうえで他に移転・共有する〟(14) ことをめざす知識経営論など、知識活用への観点は様々であるが、知識経済の基盤となる「知識ストック(15)（本章でいう文化・知的情報資源）」構築の重要性については各論とも一致している。

## 2．文化・知的情報資源に関する従来の理論的・政策的アプローチの問題点

### 2・1　理論的アプローチの問題点

文化・知的情報資源への関心が近年、ようやく高まってきたとはいえ、これまで日本でまったく理論的検討の対象とされてこなかったわけではない。ここでは、代表的な情報経済学、情報学、経営情報論の三つを取り上げ、文化・知的情報資源論の立場から問題点を指摘したい。

#### （1）情報経済学

情報財を経済財と位置づけ、従来のマクロ経済の枠組みで理解することによって、経済活動の基盤を支えるものとしての「情報」に注目するが、市場経済の中に納まりやすい情報フローが分析の中心となり、それらを支える（あるいは「市場の失敗」を補う）公共的基盤としての文化・知的情報資源分析の観点には乏しい[16]。また、「情報」の財としてのユニークさをいいながら、従来の商品やサービスの延長上で考えられる情報一般の抽象的な分析になりがちで、例えば金融情報と科学技術情報の違いに基づいた理論の展開には至っていない。情報の生産・流通・蓄積・利用と不即不離の関係にある担い手の特性についても、必ずしも留意されていたわけではない。

#### （2）情報学

近年、従来の情報科学を拡張する試みとして「情報学」の構築を図ろうとする動きが我が国で活発化しており、国立情報学研究所の設立（二〇〇〇年）や『情報学事典』[17]の出版はその表れといえる。こうした動きの背景としては、これまで情報科学や情報工学が大きな成果を収めてきたものの、「情報」のある一面、あえていえばデジタルデータとしての分析が中心であり、情報の価値や情報の生産・流通・利用を支える社会制度との関係といっ

た側面に十分に対応してこなかったことへの反省もあると思われる。情報学は〝情報に関するあらゆる学問領域をカバーする学問〟[18]と定義され、研究対象領域についても、人文学・社会科学・自然科学を横断する広範なものと捉えられようとしている[19]。しかし、「情報学」はまだ新しい学問であり、十分な体系化までには至っていないため、例えば、「情報資源」をコンピュータが扱う記号化されたコンテンツ全体（デジタル情報）と捉えるという[20]ように、作業的には情報工学的アプローチを中心に臨んでいる場合も多く、人文学・社会科学的アプローチを視野に入れ、紙メディアなども含めたかたちで情報資源、すなわち本章でいう文化・知的情報資源を考えていく枠組みが提供されているわけではない。

**（3）経営情報学**

経営情報システム（MIS）の構築という実務的要請を大きなきっかけとして展開してきたのが経営情報学である。したがって、そこでは経営管理・情報技術・システムの三つが理論の基本要素となり[21]、経営情報資源については、企業組織の運営と経営戦略に直接必要な限りで考察の対象となるに留まり、その創出基盤となる社会的情報ストックについては必ずしも配慮されていない。しかも、経営情報そのものは所与のものとして扱われ、情報資源の収集・蓄積・編成やその提供サービス、情報源であり、知識を生み出すもととなる「人」の要素などの観点は強いとは言えず、情報資源管理の対象として考えられているものの大半は、システム管理が主眼となっている[22]。一方、これまで軽視されてきた知識自体に着目し、むしろそれを経営の基幹に据えようとしているのが、後述する知識経営（ノレッジマネジメント）である。

加えて、以上の（1）〜（3）に共通の問題としては、情報を担う「人」や「物」の具体性を把握しきれていないことも指摘できよう。

## ２・２　政策的アプローチの問題点

文化・知的情報資源に関わる我が国の政策は、各省庁の所管・施策に応じて分野を特定したうえで、情報を限定的に収集、組織化し、特定の目的と利用者を想定して実験的に行う、いわば個別アプリケーション的政策が中心を占めてきた。そこには、省庁間、企業間、地域間、研究機関間などの様々な利害関係が反映されていると思われる。例えば、学術情報基盤整備の観点から重要と考えられる電子図書館構築について、関係省庁や各学術機関が、十分な目標の調整もないまま、個別に取り組んだ結果、電子ジャーナルへの対応が海外主要国に比べ、大きく遅れてしまったとされる(23)。省庁別、さらには担当部署別の「個別アプリケーション」が、文化・知的情報資源の構築という観点からは比較的小規模に並存したため、十分な社会的な影響や効果を上げられず、省庁・所管を横断した国全体としての新しい公共政策の枠組みを提示することができなかったのである。一方、企業も短期的利益を生む情報資源の利用には目を向けるものの、長期的なビジネスモデルを成立させるために必要な文化・知的情報資源基盤の構築に関する施策を政府に強く求めた印は見られない。この分野における官民の役割分担が明確でないことも、その一因と考えられる。

文化・知的情報資源に関する個別アプリケーションが本来の効果を発揮するためには、それらが拠って立つ基盤となる大規模な文化・知的情報資源の集積と、「知識サービス」に対する社会的認知やそれを担う人材の育成などの提示様式の確立が不可欠である。しかも、文化・知的情報資源の集積は、ただ大量であればいいというわけではなく、組織的な蓄積、柔軟な編集・加工性、裏づけとなる知識の体系性・信頼性、という三つの要件が存在し(24)、そこにおいてまさに「政策」の必要性が生じるといえよう。さらに、政策の実施主体についても、従来のように公的機関だけが中心になるのではなく、文化・知的情報資源を日々生み出している政府、企業、ＮＰＯ、個人がそれぞれの役割を果たす、新たな公共政策モデルの提示が求められる。

こうした諸課題を解決するために、文化経済学、文化政策論など様々な分野からの理論的アプローチがあり、これまでにも一定の成果を上げている。しかし、文化経済学を例にとれば、それが対象としてきたのはハイアート・サブカルチュアを問わず、主に「アート」としての文化・知的情報資源であった。ところが、著作権概念一つを考えてみても、文芸作品はもとより、科学技術情報、企業情報、学術情報その他あらゆる種類の文化・知的情報資源がその対象となり、それらは当然、今後、文化経済学の考察対象としても重要な分野と考えられるのである。

このようにアートや文化資産に留まらず、文化・知的情報資源をより広い文脈で捉えようとすれば、従来と異なるアプローチを採る必要性がある。その一つの可能性を文化経済学への図書館情報学的アプローチの導入に見出すことができる。

## 3. 図書館情報学的アプローチの有効性

従来の理論的・政策的アプローチの問題点を克服し、新しい文化・知的情報資源政策形成に取り組むにあたって、図書館情報学的アプローチを文化経済学研究に導入することには、以下の長所がある。

①図書館情報学の起源は古く、「学」として成立する以前の図書・図書室管理法に始まって、図書館学、図書館情報学との名称も変化しているが、一貫して文化・知的情報資源の蓄積、組織化、利用を対象としてきている。しかも、同じく情報・知識に関わる知識社会学、文化社会学、情報科学などと異なるのは、理論的探

究もさることながら、実社会の具体的な「本」や情報と利用者とを結びつけるための技術・ノウハウを蓄積してきた実学的側面が強く、現実の政策に反映しやすいという点を指摘できる。

②図書館情報学の理論的検討の対象も、実体性のない抽象的な情報や個人的知識・知恵ではなく、時代に応じて本であったり、固定化したネットワーク情報源であったりするが、いずれにしろ、情報・知識を固定化し、実体化したなかで捉えようとしてきた。これは「場」についても同様で、図書館という現実の場所であれ、ネットワーク上の仮想空間であれ、情報・知識の提供と利用の二項関係を成り立たせる実際的な「場」の意義に注目し続けており、こうした一種の実体性が図書館情報学の現実性を保障している。

③すべての人々が多様な仕方で利用可能な文化・知的情報資源の形成を図るためには、その組織化とそれを支える普遍性・体系性や真正性（authenticity）の保障（もちろんそれは無謬性を意味しない）は不可欠である。その点で、図書館情報学は、知識の普遍性を前提として、その制御を目標とする書誌コントロール論を理論上の重要な柱としてきた。その具体的ツールとして、かつては様々な種類の分類法や目録法が考案され、現在ではインターネット情報源の出現に対応した新たな知識組織化の方法（メタデータ、オントロジーなど）が開発されつつある。

④図書館情報学は、情報・知識に関わる理論と技術を、利用者サービスと一体として常に論じてきた。情報経済学や経営情報学においてもサービスへの言及はあるが、それは情報の生産・供給側の論理が中心となっており、サービスを担う人や利用者の観点を重視する図書館情報学との違いは無視できない。この観点こそ、文化・知的情報資源と対を成す「知識サービス」の本質ともいえる部分である。

⑤普遍性・共通性を追求する一方で、図書館情報学および図書館は、利用者、資料、サービスなど様々な分野

で多様性を保障している。例えば、大学図書館、公共図書館、国立図書館、学校図書館、専門図書館など、設置母体、利用者、利用目的などを異にする各種図書館を「図書館」という概念で包含してきた。このことは、今後の文化・知的情報資源政策の担い手の多様性を考えるうえで、大いに参考とすべきことであろう。

以上の図書館情報学の特徴は、近年、理論的にも実践的にも注目を集める知識経営論と多くの共通点を持っており[25]、将来、両者が融合することもありうると考えられる。しかし、現状では明確な相違点も指摘できる。知識経営が、フローとしての知識とその活用に大きな関心を寄せるのに対して、図書館情報学は知識のストックに注目し、活用されるための基盤づくりを重視する。そして、何よりの違いは、知識経営がビジネス戦略を支え、知識市場における商品としての価値を持つ知識を対象とする一方[26]、図書館情報学は、そのような知識資産はもちろん、市場に馴染まない様々な公共的知識をも包含する点にある。逆に、そうした公共的知識の存在が、企業の知識経営のみならず、行政経営その他あらゆる組織の「経営」を支え、知識社会を創造していくことにもつながるのである。

そして、こうした図書館情報学および知識経営論の視点を取り込むことによって、文化経済学における「文化資源」「文化資産」の内実をさらに豊かにしていく必要があると考えられる。

## 第二節　文化・知的情報資源構築の実際——公共デジタルアーカイブ構想を例に

本節では、文化・知的情報資源の構築について、実例を取り上げて検討する。ここでは、公共デジタルアーカイブ構想に注目する。ここでいう「公共デジタルアーカイブ（public digital archives）」とは、文化・知的情報資源について、旧来の「営利・非営利」「官・民」「産・学」といった対立軸を超え、情報資源をデジタル化し、またはデジタル化された情報資源を集積し、広く公開し、利用に供する、という取り組みのことである。こうした取り組みは、各国、各分野において、一つの大きな流れとなりつつある。

以下では、注目すべき最近の事例のうち、海外のものを二つ紹介し、公共デジタルアーカイブの実践において、どのような「方針」や「理念」が見出されるかを整理してみる。そのことによって、本章での分野・セクター横断的な文化・知的情報資源政策を考えるにあたっての材料としたい。

## 1．Public Library of Science（PLoS）

まず、Public Library of Science（PLoS）を取り上げる。[27] PLoSは、自然科学系、医学系を中心とした「科学者」による非営利組織である。PLoSは、「科学の進歩、教育、公共の利益」のために、科学・医学文献について、世界中から自由にアクセスできるかたちでの公開をめざしている。すなわち、科学者が自らの責任と権限で、文献（論文）を運用できる体制を作り上げようとしているのである。

こうした動きが起こった背景には、科学者たちの論文が、雑誌の出版社に「抱え込まれ」、自らの意志で自由に流通させることが難しくなっていることへの危惧がある。もともと、できるだけ広く流通させ、多くの科学者等に公開することが論文の目的であるのに、いったん雑誌に掲載された論文を、科学者がその後、自ら再配布したり、ウェブサイトに掲載したり、といったことができない場合が少なくない。むろん、これは著作権処理（契約）の問題ではあるが、これをPLoSでは、出版社の「姿勢」の問題とも捉え、活動を開始したのである。

PLoSが具体的にめざしているものは、すでに出版、公開された論文を蓄積（アーカイブ）し、公開（配布）す医学・生命科学における研究・学術上の対話の記録について、公開された内容を、自由にアクセス可能で、完全に検索可能で、相互参照されたかたちで提供するオンラインの公共図書館の構築に賛同する。

この公共図書館の構築は、科学文献の利用可能性と利便性を高め、科学的創造性を拡大し、生命医学における異なった知識や思想のコミュニティの統合を促進させることに多大な貢献をするものである。

科学雑誌出版社が、学術コミュニケーションにおいて果たしている役割について正当な経済的対価を得る権利を有することは認識している。しかしながら、科学的な研究・思索の記録は、出版社によって永久に所有またはコントロールされるべきものではなく、公共に属するべきものであり、また、世界中に開かれたオンライン公共図書館を通して、自由にアクセスできるべきものであることを確信する。

こうした努力を支援する科学出版社を推奨するため、我々は、2001 年 9 月以降、当初出版日から 6 ヶ月以内に、出版されたオリジナルの研究報告について、PubMed Central や同様のオンライン公共資源を通して、すべて自由に公開する権利を制限しないことに同意した学術・科学雑誌においてのみ、企画、投稿、編集、査読を行うことを誓約する。

図 1－1　PLoS の公開文書

る「科学のオンライン公共図書館」である。現在、論文は、無数の雑誌に分けて掲載され、出版社ごとにアクセスしなくてはならない（しかも、アクセスできる権限はそれぞれの出版社が決定している）。これを統合して利用できるようにしようというのが、この「オンライン公共図書館」である。ここでいう「オンライン公共図書館」は、本章で公共デジタルアーカイブと呼んでいるものの一つの形態である。

PLoSは、二〇〇〇年秋、世界中の科学者に対し、雑誌掲載論文を自由に再配布する試みへの賛同を呼びかける「公開文書」の送付を開始した（図1－1）。PLoSによれば、二〇〇二年秋時点で一八二の国の三万人を超える科学者から、この文書への「署名」を得ている。また、出版社への働きかけも行い、すでに好意的な回答を出している出版社もある。しかし、PLoSの「方針」に全面的な賛同を得るまでには、まだ段階が必要だとしている。

PLoS の取組みは、直接的には、出版社に渡ってしまっている「出版する権限」を科学者の側に取り戻す試みである。しかしながら、PLoS 自身が次の段階としてめざしているのは、科学者の出資・運営による「非営利」の科学出版社の設立である。すなわち、広く科学者コミュニティの利益のため、換言すれば、「公共」のために、論文に対して自由にアクセスできる環境を整備しようというものであり、文化・知的情報資源形成の新しいビジョンやモデルの創造をめざしている動きと位置づけることができる。

### 2．The Knowledge Conservancy（ＫＣ）

次に、The Knowledge Conservancy（ＫＣ）を取り上げる[28]。ＫＣは、「知的財産」について、だれでも自由にアクセスできるようにし、また、それらを長期保存することを目的とした非営利組織である。PLoS と同時期の二〇〇〇年秋に立ち上げられた。ＫＣは、具体的には、「民間」にある知的財産を「寄贈（閲覧のライセンスを含む）」によって受け入れる、インターネット上の「デジタル図書館（リポジトリ）」を構築し、研究開発を支援しようとするものである。ＫＣによれば、その考え方は次のとおりである。

「寄贈者」には、一定期間が過ぎて、利用の頻度が減少した情報をデジタル化して保存していくコストを軽減するメリットがある。著者や出版社などの著作権者は、商用的価値（利用）は否定されないままに、公共の利益に資することができ、公開の時期や範囲などを決定することもできる。

ＫＣは、専門家によって運営され、インターネット上の「デジタル図書館」の構築、知的財産のオンライン利用を進める組織の設立、デジタルコンテンツの長期保存のためのモデルの開発を行う。インターネットでの商取引、知的財産関連の法規、デジタル図書館に詳しい専門家などをアドバイザーに抱えている。

ＫＣの理念に賛同し、年四〇〜一〇〇ドル程度の寄付をしてもよい、という「協力者」は多くおり、また、著作権者にとっても魅力的であり、「寄贈」してもよい、という著作権者も少なくない。ＫＣは、「協力者」と「寄贈者」を募ったが、本格的な立ち上げには、一〇〇万ドルほどの費用がかかり、また「図書館」の公開までに一万件の著作を確保しようと考えていた。

ＫＣが「使命」として掲げた事項は、次の四つである。

- ＫＣは、知的財産への公的アクセスの権利を確保する。
- ＫＣは、私的、公的（public domain）を問わず、知的財産の価値の尊重を基盤に設立される。
- ＫＣは、世界的な「無料閲覧」情報を促進する社会的、経済的メカニズムを構築、支援することによって、社会的利益を継続的に創造する。
- ＫＣは、永続的維持とアクセス保障の権利を譲渡した知識情報コンテンツを保存する。

二〇〇三年時点で、「図書館」の公開には至っておらず、その後も結局ＫＣの試みは実現することはなかったようである。しかし、こうした動きが生じてきた背景やその考え方には注目しておく必要がある。とりわけ、「民間」の資源を「公共」の場に置き、自由な利用に供する、という考え方（方針）が、その利用対象者を「不特定多数（一般）」としているだけに、実システムとして構築・運用が可能かどうか見極める必要がある。

## 3.「公共」概念の再構築をめぐって

動機や目的、運営、組織などに違いはあるものの、PLoSもKCも、旧来の「商用目的」を中心とした情報流通の枠組みを超えて、すなわち、産・学、営利・非営利などの壁を超えて、公共的な利益をもたらすコンテンツ（文化・知的情報資源）をネットワーク（インターネット）上で管理、保存、公開しようという動きである。従来、学術分野のみで、あるいは対価を払った者のみに利用可能であった情報資源を、「公共」の場に置くことによって、権利者側にも利用者側にもメリットがあるような仕組みをめざしている。

ここで目を向けるべきことは、むしろ、そうしたメリットを享受できるような、「公共」概念（およびその実践の舞台）の再構築であると思われる。手続きレベルでは著作権等の権利処理（契約）の問題であるが、それを成立させるためには、公共的な文化・知的情報資源に関わる「政策」の確立、共有が必要となる。これが、まさに本章で考察の対象としているものである。

## 第三節　文化・知的情報資源開発をめぐる政策動向

本節では、文化・知的情報資源に関する政策の具体例としてEUと英国の事例を取り上げる。EUと英国を取り上げる理由は、これらの地域・国の政策は、文化・知的情報資源政策としては、最も包括的なものと言えるからである。ただし、その政策は広範に及ぶので、デジタルコンテンツの形成に関する部分を中心に記述する。第二節が「公共デジタルアーカイブ」という具体的な情報資源から政策を考える視点を採っているのに対して、本節では枠組みから政策を考える視点を採っている。

表1－1 eEuropeの内容

| | |
|---|---|
| 目的1<br>安価で、高速で、安全なインターネット | より安価で、より高速なインターネットアクセス<br>研究者、学生のための高速インターネット<br>安全なネットワークとスマートカード |
| 目的2<br>人と技能への投資 | 欧州の青少年をデジタル時代へ<br>知識を基盤とする経済での労働<br>知識を基盤とする経済への全員の参加 |
| 目的3<br>インターネットの利用促進 | 電子商取引の促進<br>オンライン政府：公共サービスへの電子的アクセス<br>オンラインヘルス<br>グローバルなネットワークのための欧州デジタルコンテンツ開発<br>知的トランスポートシステム |

## 1．EUにおける政策

### 1・1 概要

EUの情報政策は、Information Society DGを中心に展開されており、その範囲はかなり広い分野に及んでいる。最上位の枠組みとしては、一九九九年一二月にヘルシンキで開催された欧州理事会におけるコミュニケとして採択されたeEurope(29)があり、その枠組みのなかに主要な文化・知的情報資源の一つであるデジタルコンテンツ開発に関わるプログラムがある。二〇〇〇年四月にリスボンで開催された欧州特別理事会では、二〇一〇年までにEUを競争力のある、知識に基盤を持つ経済社会への変革をもたらすことを目標とした「リスボン戦略」が採択された。さらに二〇〇〇年六月のフィエラEU理事会では、eEurope行動計画が策定され、〈eEurope 2002〉(30)として発表された。eEurope 2002の内容は表1－1の通りである。

また、eEurope 2002では、デジタルコンテンツに関して次のような計画が挙げられている。

①グローバルなネットワーク上での「欧州デジタルコンテン

ツ」の開発と利用を促進し、情報社会における言語の多様性について理解を進めるためのプログラムの創設。このプログラムには、公共セクター情報の活用を支援し、主要なデータセットを集めた欧州デジタルコレクションを創設するための行動を含むこと。

②加盟国全体にわたるデジタル化プログラム調整のためのメカニズムの創設。共通のテーマを設定し、利用可能な資源について目録を作成し、相互利用性を確保すること。

## １・２　eContent プログラム

上記の欧州デジタルコンテンツに関するプログラムの創設に対応するかたちで作られたのが eContent プログラムであり、これは二〇〇一年から二〇〇四年まで実施された。[31]

eContent プログラムの目的は、①欧州のデジタルコンテンツの利用可能性を高めることにより、すべての人々のインターネットへのアクセス、利用を促進すること、②公共セクターで保有している情報の効果的利用を促進することにより、欧州のデジタルコンテンツの利用を促進すること、③多言語主義、文化的多様性を促進すること、④欧州のデジタルコンテンツの市場活動、配給、利用を促進すること、および市場の細分化を避けるための環境を醸成することにある。二〇〇一年から二〇〇二年の eContent 活動計画は、五一〇〇万ユーロの予算を持ち、以下の三領域に分けて実施された。すなわち、①公共セクター情報へのアクセスの改善と利用拡大（様々なプロジェクトの実施、欧州データコレクションの形成）、②多言語・多文化環境でのコンテンツ作成の強化（多言語・多文化戦略の採用、多言語基盤の強化）、③デジタルコンテンツ市場におけるダイナミズムの強化（デジタルコンテンツ産業と資本市場の連携、デジタルコンテンツ市場における権利の取引、ビジョンの共有、プログラムの成果の普及）である。この活動計画の枠組みは二〇〇三年から二〇〇四年の活動計画においても引き継がれている。

### 1・3　Information Society Technologies（IST）プログラム

ISTプログラム[32]は、情報分野における研究開発を指向しているもので、一九九八年から二〇〇二年の予算として三六億ユーロが確保された。主要な行動計画は、①市民のためのシステムとサービス、②新しい仕事の方法と電子商取引、③マルチメディアコンテンツとツール、④必要な技術とインフラストラクチャ、の四領域となっている。この枠組みのもとに、EU主導、あるいは加盟国やNPOからの応募のかたちで多種多様なプロジェクトが実施されてきている。そのうち、特に注目すべきプログラム二つを以下に紹介する。

#### （1）ルンド原則・行動計画

eEurope 2002 行動計画で挙げられた、欧州全体のデジタル化調整のためのメカニズムについての検討は、ISTプログラムの文化遺産活用部門を中心に行われてきた。二〇〇一年四月にはスウェーデンのルンドで、全EU加盟国の代表者を招いた専門家会議が開催され、その結果、デジタル化プログラムの調整メカニズムについてのルンド原則が作られ、同時にルンド行動計画が策定された[33]。

ルンド原則は、デジタル化の意義として、文化的・科学的遺産へのアクセス、文化の多様性、教育への支援などを挙げている。その一方で、直面する問題として、断片的なアプローチがなされていること、陳腐化の恐れがあること、多言語対応の欠如、知的所有権などを挙げ、加盟各国と欧州委員会がこれらの問題の解決に向けて関与すべき事柄を列挙している（表1－2）。また、ルンド行動計画は、この原則を実現するために策定されたものである（表1－3）。

表1－2　ルンド原則

| | |
|---|---|
| 各国が取り組むべき課題 | 調整のためのフォーラムの設立<br>各国の政策やプログラムについての欧州域内での可視性の向上<br>優れた実践例や技法の開発を推進するためのメカニズムの開発<br>デジタル化された欧州の文化的・科学的遺産へのアクセスを可能にするための共同作業 |
| 欧州委員会が取り組むべき課題 | 調整活動の支援<br>優れた能力を持つ拠点の創出<br>デジタル化のためのベンチマークの開発<br>文化的・学術的デジタルコンテンツ開発にむけたEU共同計画のための基準と枠組みの形成<br>コンテンツの質と利用性の向上、アクセスの改善、長期保存についての意識の向上 |

表1－3　ルンド行動計画

| | |
|---|---|
| 領域1<br>協力とベンチマーク作成による政策・プログラムの改善 | 行動1　a）政策・プログラムについてのウェブサイトの作成<br>b）政策やプログラムのためのベンチマークの採用<br>c）評価のための指標や尺度の開発<br>d）加盟国間の調整活動の支援 |
| 領域2<br>デジタル情報源の発見 | 行動2　a）全国インベントリーの作成<br>b）デジタル情報源発見のための技術基盤の形成 |
| 領域3<br>優れた実践例の奨励 | 行動3　a）優れた実践例とガイドライン形成による技能の向上<br>b）優れた能力を持つ拠点の形成 |
| 領域4<br>コンテンツの枠組み | 行動4　a）質の高い欧州デジタルコンテンツにアクセスするための共同行動計画の形成<br>b）コンテンツへの継続的アクセスの実現 |

ルンド原則および行動計画に基づいて、ＥＵ加盟各国の代表によって構成される「代表者グループ」が構成されており、定期的な会合を開いている。このグループは、「デジタル化政策とプログラムに関する諸活動のための常任グループであり、公的な文化的機関の役割や文化的・学術的資源に特に重点を置くもの」と規定されており、ルンド原則によって示された目的に沿って、関連する諸活動が実施されているかを注視する役割を持っている。

### （2）DigiCULT

ＩＳＴプログラムの文化遺産活用部門が推進するプログラムとして、Digital Heritage and Cultural Content (DigiCULT) がある。[34] DigiCULT の目的は、伝統的あるいはデジタル形式の文化資源を活用するためのシステム開発に関する研究を行うことにある。このプログラムの活動は、プロジェクトを募集するかたちで推進されているが、一九九八年から二〇〇二年までの第五次枠組みプログラムのなかで一一〇のプロジェクトが採択され、八九七〇万ユーロが提供された。採択されたプログラムには、電子図書館、デジタルアーカイブ、文化的・学術的デジタルコンテンツへのアクセスに関するビジネスモデルの開発、博物館・文書館・図書館に所蔵される文化的・学術的資源へのアクセスの拡大、ヴァーチャルリアリティなどの新技術の応用、地域の文化遺産の記録と共有化、といったテーマが含まれている。[35] また、二〇〇二年には、*Technological Landscapes for Tomorrow's Cultural Economy: Unlocked the Value of Cultural Heritage* と題された興味深い研究報告書が出版されたが、これは文書館、図書館、博物館、政府、欧州委員会に対して、文化・知的情報資源の活性化のための政策的提言となっている。

## 2．EU地域内諸国の政策――英国の事例

EU加盟国は、EUとの政策的協調を行う一方で、各国が独自で様々な施策を展開している。ここでは英国の事例を検討しておきたい。

### 2・1　概要

英国においては、情報基盤整備の観点から様々な省庁が施策を打ち出してきている。一九九八年に公表された*Our Information Age*[36]は、ブレア政権における情報関連施策の包括的なビジョンを示す文書であるが、電子政府の実現、教育、健康、競争力強化などの観点から様々な施策が列挙されている。特に強調されているのは学習社会の実現であり、全国学習網[37]（National Grid for Learning）や市民のネットワーク[38]（People's Network）といった基盤整備の枠組みが提示されている。図書館情報政策の観点から見て興味深いのは、図書館情報委員会（Library and Information Commission）と博物館・美術館委員会（Museums and Galleries Commission）が統合され、二〇〇〇年四月に博物館・文書館・図書館評議会（The Council for Museums, Archives and Libraries，略称Resource）となったことである。従来、バラバラに考えられていた図書館、文書館、博物館（美術館を含む）を、情報技術の活用により、学習社会における情報資源と位置づけようとしており、二〇〇一年に発表された諮問文書である*Information and Communications Technology and the Development of Museums, Archives and Libraries*[39]にその姿勢が明確に表れている。この文書では、すでに実行に移されているいくつかのイニシアティブを包括するかたちで、Resourceの戦略的な行動計画が示されているが、年次ごとの優先領域は表1－4に示す通りである。

表1－4 英国における文化・知的情報資源開発をめぐる優先領域

| | | |
|---|---|---|
| 2001-2002 | 1. 革新的なサービス提供 | NOF-Digitise計画の推進（市民のネットワーク）<br>公共図書館におけるICT研修センターの運営監督（市民のネットワーク）<br>市民のネットワークの継続と博物館・文書館への拡張<br>文化オンラインの推進<br>ICT利用状況の調査、新しい利用者へのサービス提供チャネルとしての情報通信技術の可能性の検討 |
| | 2. 学習環境の拡大 | コミュニティや個人に対し、学習提供におけるICTの潜在能力を示すようなビジョンの開発<br>文化的コンテンツ・サービスの位置づけの明確化 |
| | 3. 知識システム | 図書館、博物館等各部門内で働く人々のための効果的なコミュニケーションネットワークの創設 |
| 2002-2003 | 1. 革新的なサービス提供 | 公共図書館におけるICT研修センター設置完了（市民のネットワーク）<br>NOF-Digitiseプログラムの継続<br>市民のネットワークモデルの博物館・文書館への拡張<br>文化オンラインのためのコンテンツ開発支援<br>資金獲得のためのロビーイング |
| | 2. 学習環境の拡大 | 広がり続けるネットワーク環境における学習環境拡大の重視 |
| | 3. 知識システム | e-Learningのような新たな開発の動向調査と対応<br>サービス提供チャネルとしてのICTのインパクトの分析<br>ICTに関する効果的コミュニケーションの維持 |
| 2003-2004 | | NOF-Digitiseプログラムの完了とその後の継続のための計画<br>市民のネットワーク－博物館・文書館・図書館を含む長期的経営の実現<br>市民のネットワーク－研修プログラムの完了<br>文化オンライン－サービス提供のための支援<br>技術開発の動向調査<br>ネットワーク環境における文化領域の振興 |

具体的な行動には、コンテンツ開発（NOF-digitise[40]、文化オンライン（Culture Online）[41]）の推進、コンテンツ開発機関との連携、基準の開発、著作権、電子商取引の動向調査、提供のためのチャネルに関わる基盤・ネットワークや規格の整備、研修・能力開発、戦略計画、市場調査、ウェブサイトの開発などを含む情報伝達経路の確保などが挙げられている。

## ２・２　市民のネットワーク

これらのうち、中核をなしている枠組みは「市民のネットワーク」である。これは一九九八年に出版されたNew Library: People's Network[42]で打ち出された新しい図書館像を実現するための枠組みであり、New Opportunity Fund（NOF）が財政支援を行なった。主要な活動領域は、基盤整備、研修、コンテンツ開発となっている。

### （1）基盤整備

基盤整備については、二〇〇二年までにすべての公共図書館をネットワーク接続することが目標として掲げられた（二〇〇二年一一月一一日時点で、二九四九館（全体の七一％）が接続している）。また、UKOnlineプログラムとの連携により、市民向けの情報通信技術（ＩＣＴ）研修センターを設置している。全国に約六〇〇〇か所のセンターが設置されたが、そのおよそ半数は公共図書館に設置されていることになる。

### （2）研修

研修については、全図書館員に対して情報技術関連の研修を行うという目標が打ち出され、一九九九年から二〇〇〇万ポンドの予算で実施された。ＮＯＦが研修実施のためのガイドラインを作成し、それに沿った研修実施計画を図書館行政庁などが提出することによって研修が実施された。

### （3）コンテンツ開発

コンテンツの開発のための枠組みとなっているのが、一九九九年八月に開始されたNOF-Digitiseというプログラムである。五〇〇〇万ポンドが一五〇以上の機関におけるコンテンツのデジタル化のために提供された。助成対象となったのは、市民の権利、文化的豊かさ、国民の再教育、といったテーマに当てはまるもので、具体的には、科学博物館におけるデジタル展示のためのコンテンツ開発や地域の文化的遺産のデジタル化などが行われてきた。この資金によって作成されたコンテンツは、市民のネットワークおよび全国学習網の利用者には無料で提供されることになった。また、このプログラムは、デジタルコンテンツ作成事業に対して単に財政的な支援を行うだけではなく、UKOLN（UK Office for Library Network）やAHDS（Art and Humanities Data Service）と協力して必要な技術的助言を行うとともに、コンテンツ化に関する各種の技術基準とガイドラインの策定を行なった。

コンテンツ作成に関しては、文化・メディア・スポーツ省（Department for Culture, Media and Sport：現在はThe Department for Digital, Culture, Media & Sport）のIT Challenge Fund for Museumや文化オンライン、英国図書館（The British Library）によるコンテンツ作成など様々なプログラムがあった。

## 2・3 eEurope 2002との関連

### （1）デジタルコンテンツフォーラム

英国におけるデジタルコンテンツ開発についての包括的行動計画は、二〇〇〇年二月に通商産業省（Department of Industry and Trade：二〇〇七年に二つの省に再編される）によって出版された*UK Digital Content: An*

*Action Plan for Growth*[43]である。これは、その出版年からもわかるように、eEurope 2002とほぼ同時期に作られたものであり、当初から政策的関連が意識されていたと推測される。この行動計画の中心をなすのは、デジタルコンテンツフォーラム（Digital Content Forum）の設立であり、これは政府とコンテンツに関わる産業界がコンテンツ産業に関わる政策についての意見交換を行い、それを政策に反映させるメカニズムとして機能した。

**（2）ネットワーク調整フォーラム**

ＥＵ内のデジタル化調整メカニズムにおける英国のノードとなったのが、ネットワーク調整フォーラム（Forum for Network Co-ordination）である。これはResourceと高等教育機関における図書館情報サービス調整機関のJISC（Joint Information Systems Committee）が、旧文化・メディア・スポーツ省と教育技能省（Department of Education and Skill：二〇〇七年に二つの省に再編される）の支援を得て、eEurope 2002行動計画に対応するために設立したものである。このフォーラムは、英国全体のネットワークに関するイニシアティブの調整メカニズムとして機能することが期待された。特に中心的な役割を担ったのは、Resourceや市民のネットワークであり、ルンド原則において加盟国が取り組むべき課題とされた事項について実質的に対応している。また、前述のデジタル化政策とプログラムの諸活動に関する代表者グループには、当時の文化・メディア・スポーツ省の指名によりResourceの専門家が参加した。

## 第四節　政策を展開するための要件とそのスコープ

### 1．DigiCULT 報告書にみる政策的要件

ＥＵおよび英国の政策は文化・知的情報資源政策としては最も包括的なものであるが、政策実現のための具体的アプローチは国や地域ごとの社会的・経済的・文化的要因によって異なるゆえ、ＥＵや英国でのアプローチをそのまま他の国や地域にも適用できるわけではない。しかしながら、文化・知的情報資源政策が対象とする領域は、重点領域の選定などには国や地域の状況が反映されるにせよ、全体としてみればどの地域・国でも同じであるはずである。第三節でも言及した DigiCULT 研究報告書で明らかにされている「重要な課題（key issues）」は、文化・知的情報資源政策が対象とする領域を明示しているものであり、本節ではこれを基礎に、文化・知的情報資源政策を展開するために考慮すべき要件について検討する。DigiCULT 報告書では、図書館、博物館、文書館などの専門家に対して文化情報資源の電子化に関するインタビューを行い、その結果に基づいて、①全国政策・イニシアティブ、②組織の改革、③利用・市場の開拓：文化遺産資源の価格設定、④明日のデジタル文化遺産資源のための技術、という四領域に分けて要件を検討している。

#### （1）全国政策・イニシアティブ

全国的な政策課題については、デジタル化、技術移転・開発、アクセス、利用、市場開発、保存についての政策（戦略）に細分化できるとしており、これらを実現するために必要な法的枠組みと財政の必要性を指摘してい

る。さらに、全体を牽引するものとして、「教育」の重要性が挙げられている。重要な課題として指摘されたのは、全体のビジョンの必要性、デジタル化に向けた方法論の開発、小規模文化機関の強化とセンターの必要性、アクセスを容易にするための施策、教育のための利用、組織の安定性についてである。

**（2）組織の改革**

情報通信技術を原動力とした文化機関の改革の必要性を強調し、重要な課題としては、ハイブリッドな情報・資料・知識の提供、人材養成を最優先課題とすること、高レベルのサービスを提供するためにあらゆるレベルの協力を行うこと、デジタル化された資源へのアクセスを可能にするために援助組織の活用と安全な（protected）環境を利用すること、仲介者（文化ネットワーク）などを介して利用者に到達することが挙げられている。

**（3）利用・市場の開拓：文化遺産資源の価格設定**

文化機関が商業ベースの機関である必要はないが、そのコストのいくらかでもカバーしうる収入を得る必要があることが指摘されている。無料のサービスと有料のそれとの区別の明確化が必要であり、また、有料であっても、教育機関などで学生、教員が個別に支払いをするわけではない点が強調されている。重要な課題として挙げられているのは、利用者のニーズについての情報収集、電子通信販売（オンラインでの物品販売、オンラインで提供されるマルチメディア文化遺産資源の開発）、電子商取引（ライセンシングの開発、市場の開拓）、購読ベースの情報サービスの開発（図書館、文書館、博物館）である。

**（4）明日のデジタル文化遺産資源のための技術**

技術的課題は、最も具体性があり、理解しやすい領域である。課題として取り上げられているのは、シームレスなアクセスの提供（標準的なメタデータの開発など標準の制定、典拠ファイルや多言語シソーラスなどの開発、国際的な研究開発センターの設立など）、大量デジタル化への対応（全国規模のデジタル化プロジェクトの必要性、研究開発への財政支援（ＥＵ））、長期保存（政策と研究開発の必要性）、born-digital 資源への対応（法定納本の対象拡大）、より高度なサービスのための各種ツールの開発（よりインテリジェントなシステムの開発）、文化機関間での技術格差を拡大させない工夫の必要性、研究開発の方向性の明確化（ビジネスモデル開発のための研究など）である。

## 2．図書館情報学の枠組みからみた政策的要件

DigiCULT 報告書によって提示された課題のうち重要なものについて、図書館情報学がその研究対象とする「情報の流通」を理解するために用いる基本的枠組み、すなわち、情報の生産（コンテンツの開発）、組織化、サービス・利用、保存、という一連の過程に沿って捉え直し、さらに主要な課題領域に細分化した結果が表１－５である。なお、表中の番号（丸数字）は、以下の記述と対応させるためのものである。

以下に、表１－５で設定した課題ごとに、図書館情報学的観点から見た主要な問題点と、考え得る解決の方向性について、第一節から第三節を踏まえながら明らかにしておきたい。

### ２・１　全般的課題

#### （1）包括的戦略の必要性（表中①）

第三節で言及したＥＵにおける eEurope に相当する包括的な国家的ＩＴ戦略として、我が国では e-Japan 戦略（二〇〇一年一月）およびそれを受けた e-Japan 重点計画（二〇〇一年三月）があるが、そのなかで情報の作成・流通・利用については間接的にしか触れられておらず(44)、情報通信技術を価値あるものにするはずの文化・知

表１−５　文化・知的情報資源政策を展開するために考慮すべき要件

| 領域 | 全般的課題 | 法的・経済的課題 | 技術的課題 |
|---|---|---|---|
| 領域横断的 | ①包括的戦略の必要性<br>②関連機関の協力・人材開発 | | |
| 生産（コンテンツ開発） | ③コンテンツ開発における方法論の開発 | ⑥著作権など知的財産の保護 | ⑩コンテンツフォーマットの標準化<br>⑪大量デジタル化のための技術開発 |
| 組織化 | | | ⑫標準的メタデータの開発、利用者にとって利用しやすい典拠ファイルや多言語シソーラスの開発 |
| アクセス・利用 | ④市場の開拓、アクセスの容易化 | ⑦権利管理と有料サービスのためのライセンシング<br>⑧ビジネスモデルの開発 | ⑬インテリジェントなシステムの開発<br>⑭権利保護と利用を両立しうる技術環境の整備 |
| 保存 | ⑤保存政策の形成 | ⑨ born-digital 資料の保存（法定納本） | ⑮長期保存のための研究開発 |

的情報資源戦略は提示されないままであり、この点がEUや英国などとは大きく異なっている。また、各省庁・企業についても、個別の政策や企業戦略に基づく情報資源構築の取り組みは相当数に上るが、それぞれの間を調整するようなメカニズムがなく、内容的に重複する部分が多い。その典型が既存資料のデジタル化である。各機関がバラバラに、利用者層を十分想定しないまま、取り組みやすい著作権切れ資料を主な対象としたため、利用が伸びず、デジタル情報の魅力を減じてしまった場合が少なくない。

　文化・知的情報資源に関する国家戦略の構築は、我が国ですぐには難しいとしても、文化・知的情報資源に関する情報クリアリングセンターのあり方、デジタル情報の魅力をアピールするために利用が見込める情報源（例えば図書館資源）を対象にした重点的デジタル化計画の作成、著作権とは別の権利処理モデルの提示などの諸策を積み上げることによって、統合的国家戦略策定の一歩とすることが可能であろう。第三節で言及した英国における Our Information Age は、諸政策を積み上げるかたちで形成されたものであることに留意したい。

**（2）コンテンツ開発の方法論の確立（表中③）**

文化・知的情報資源が、人々に広くかつ継続的に利用されるためには、その多様さと十分なストックが保障されなければならない。しかし、現状では大規模かつ多様な資源形成方法が確立しておらず、依然として重要性を持つ紙メディアなどの既成メディアとデジタルメディアとのハイブリッド利用の枠組みが十分機能しているとはいいがたい。テーマと想定利用者との組み合わせを中心とした資源形成ではなく、限られた資金・人材で開発したデジタル資源をメディア別、社会層ごとに個別に提供していることが、利用を拡大するうえでの隘路となっている。

当面、デジタル情報だけでは利用のニーズに十分に応えられないとすれば、様々なメディアを組み合わせて利用できるハイブリッド形式のモデルとなる利用空間を作る必要がある。第三節で言及した英国の公共図書館のように、情報アクセスの窓口としてのネットワーク接続と市民向けの情報通信技術の研修の場を提供するだけでなく、例えば、「アート」のコンセプトを中心に従来の図書館を発展させ、単なる資料提供・情報提供に留まらず、知識までを提供する「アートノレッジセンター」のモデルを提示するといった、深化した利用を想定した文化・知的情報資源の収集・組織化・蓄積・提供の方法論の開発が求められている。

**（3）関連機関の協力基盤の整備と人材開発**（表中②）

文化・知的情報資源の生産・蓄積・提供を担う学術文化機関、図書館、博物館、文書館、行政機関、企業などの連携が十分ではなく、また同じ図書館間の協力体制も、一部の図書館間、あるいは特定のサービスにおいては活発に行われているものの、全体としてみた場合には改善の余地がある。連携が進まない理由として、連携を支えるべき文化・知的情報資源に関する専門家と専門知識を持った経営・管理者が我が国に不足していることが指摘できる。こうした情報専門家を育成する必要性は、e-Japan重点計画でも重視されているが、必要度の社会的な認識が低く、専門職として評価される基盤が欧米に比べて弱いことが指摘できる。

これに対処するためには、短期的には、第三節で言及した「市民のネットワーク」のように、現職者に対する集中的かつ網羅的な研修の実施が考えられる。しかし、長期的には、従来の司書、学芸員、サーチャーその他を横断した新しい「知識専門職」の確立とその裏づけとなる新しい「知識科学」の確立が必要である。それは大学（学部）教育に留まらず、中等教育、社会教育、企業教育、専門職大学院での教育などにおいて多様に行われるべきであり、社会的需要は潜在的には高いと考えられる。こうした専門職の確立は、企業などの新しい知識産業を支える人材の育成ともつながっている。

**（4）市場の開拓**（表中④）

これまで、この分野における市場の拡大（利用者の増大など）が問題とされる場合でも、提供側の観点からその方策が考えられることが中心であった。しかし、これからの知識サービスにおいては、質の高い文化・知的情報資源の利用者をどれだけ確保できるかが大きな課題である。そして、そこには、そもそも利用ニーズそのものが育っていない、利用ニーズがありながら提供されるサービスの内容が適合していない、十全に利用するためのスキルや知識を利用者が持ち合わせていない、という三つのレベルの問題がある。

　こうした状況に対して、まず第三節２・２（二七頁）で言及した、英国におけるＩＣＴ研修センターのような市民一般の情報スキルの向上はもとより、さらに利用者の情報リテラシー能力（単に利用のスキルだけでなく、情報・知識を楽しめる能力を含む）の概念を明らかにすることによって、その獲得のための方法を探究していくことは重要な意味を持っている。このことは、提供されるコンテンツの内容やフィルタリングの問題とも関連しているからである。そして、この点に関して図書館情報学では、情報リテラシー論、蔵書構築論、「図書館の自由」論など様々な観点での理論的検討が従来から行われている。

**（5）保存政策の形成**（表中⑤）

　現状ではデジタル情報の保存は、生産、蓄積している個人・機関の任意性に委ねられている。もしも情報（本などの紙メディアだけでなくデジタル情報も含む）をすべて残すことができないとすれば、価値評価によるその選別は不可欠であろう。そのためには、様々な分野・情報源ごとに、保存の優先順位や形式を定めるための価値評価機関のあり方を含めた保存政策を形成していかなければならない。この点でも、図書館情報学では、一図書館独自のものから世界共通のものまで様々な蔵書評価の方法を開発してきたと同時に[45]、新たなネットワーク情報源の評価にも取り組んでおり[46]、参考にすべき点は多い。

## ２・２　法的・経済的課題

**（1）知的財産の保護と利用**（表中⑥）

知的財産としての文化・知的情報資源について、法的、経済的にどのように管理、保護、運用していくか、という問題は、特に民間資本をベースにして開発・生産を進めていく際に大きな課題となる。例えば、インターネット上では、「違法コピー」をはじめとする種々のトラブルが起きているが、電子透かし、暗号化、コピー防止、違反監視ロボットなどの技術的な対策が進められているものの、それだけでは解決に至らない点も多い。

これに対して、法的な対策も進められ、例えば、著作権について見ても、著作権法において、インターネット上での情報流通を対象とした公衆送信権（送信可能化権）等の新設などによって対応がなされてきているが、今後の検討課題も多く残されている。加えて、国ごとの法制度の違いによる国際的な情報流通時の権利処理の問題も大きく、国レベルでの対応が不可欠であることも強調しておかねばならない。なお、これらについては、e-Japan 計画など、我が国でも国レベルの重要課題として指摘されているとおりである。

図書館および図書館情報学においては、「本（文献）」を中心に、知的財産としての情報資源の利用には一定の対応および研究が進められてきた。すなわち、知的財産について、権利を尊重しつつ、「知る権利」を保障するために、貸出、閲覧、複写サービスなど、利用（提供）の方法をも確保してきた。デジタル化された情報を含め、知的財産をめぐる権利者側と利用者側との「接点」として図書館および図書館情報学に期待される役割は小さくない。

### （2）有料サービス等のライセンス（表中⑦）

文化・知的情報資源のアクセス・利用については、特に有料サービスにおけるコスト（料金）の徴収システムをめぐる問題が指摘できる。例えば、インターネット上での小説や音楽などの配信に対してどのような課金をするか、といった点については、さまざまな仕組みが考案され、実験・実装が進められている。

これについては、特に「ライセンス」という考え方が重要となる。例えば、電子ジャーナルについては、旧来の冊子（印刷）形態の雑誌（ジャーナル）のような「一冊」という物理的単位を基礎にした料金体系だけでは対応が難しい側面があるため、閲覧ごとの課金も試みられたが、近年では、サイトライセンス契約が主流となりつつある。このように、有料サービスをめぐって、ライセンシングを中心としたコスト・利益回収のシステムについて検討を進めていく必要があろう。

図書館においては、早くから前述のような取り組みが進められてきており、一定の蓄積がある。他の組織・分野で応用できる部分も少なくないと思われる。

### （3）ビジネスモデルの必要性（表中⑧）

文化・知的情報資源のデジタル化・ネットワーク化が進むなか、多様な流通の仕組みが必要となってきている。例えば、第二節で取り上げたPLoSの例に見られるように、学術論文へアクセスする経路を商用の出版社が「独占」していた旧来の方式では、不都合が生じてきた。

このため、PLoSは、論文執筆者がコストを負担することによって、論文を「公共」の領域に置き、アクセスを無料で自由にする試みをしている。すなわち、PLoSのような「公共デジタルアーカイブ」を好例とするように、文化・知的情報資源のアクセス・利用をめぐっては、多様なニーズに対応したビジネスモデルが必要とされているのである。

この点においては、「蔵書（コレクション）」というかたちで、種々の情報資源へのアクセスを「公共」に提供してきた図書館の実践、ならびにそれを支える図書館情報学の理念・理論が参考になろう。大量に、しかも多様に流通する情報について、いかに「知る権利」（アクセス権）を保障していくか、という視点が求められているのである。

## （4）born-digital 資料の保存（表中⑨）

保存については、特に born-digital、すなわち生産・発信時からデジタル化されたかたちで流通していく文化・知的情報資源の保存について、どのような法的な整備を行い、恒久的なアクセスを保障するか、という問題がある。これは、国レベルでみれば、図書や雑誌など印刷メディアの時代から行われてきた「法定納本」の問題に集約して考えられよう。

我が国では、二〇〇〇年の法改正により、CD-ROM などのパッケージ系電子メディアについても、図書や雑誌と同様に、国立国会図書館への「納本」が義務づけられるようになった。次の課題としては、ネットワーク系電子メディア、すなわちインターネットで流通する情報への対応があり、すでに国立国会図書館では検討を進め、(47)一部のホームページ等では適用が始まった。ネットワーク系電子メディアへの対応は、我が国だけでなく、世界的な動向であり、各国の国立図書館などが中心となって、どういった範囲・種類の情報を、どういった機関・組織が、どういった方法で収集（保存）するか、といった点をめぐって、議論・実験が進められている（例えば、網羅的に収集するのか、選択的に収集するのか、という点一つをとっても、極めて多様な論点があり、方針の決定は、多分に政策的な側面によるところが大きい）。

図書館は、古来より文化・知的情報資源の「保存」機能を担ってきた。同世代だけでなく、後世の「利用」のための「保存」である。図書をはじめとするパッケージ系メディアに留まらず、「流れては消える」ネットワーク系電子メディアについても、図書館の実践と技術、ならびに図書館情報学の研究と成果が一定の役割を果たしうることは、すでに上記のような取り組みが示唆しているところである。とりわけ、国立図書館、公共図書館、大学図書館、学校図書館など館種を超えた図書館ネットワークの考え方を基盤とした図書館界の取り組みは、特にセクター横断的な体制が求められるネットワーク系電子メディアに対して、有効な方策の一つとなりうるだろう。

## 2・3　技術的課題

### （1）フォーマットの標準化（表中⑩）

これまでの電子図書館プロジェクトは、ボトムアップ的な手法が取られていたといえるが、その結果、様々なフォーマットのコンテンツが存在することとなり、相互利用性の確保が問題となっている。各電子図書館システムやその他の電子情報源の構築プロジェクトにおいて提供されるコンテンツの量はもはや試行を超えるレベルにまで増加しており、システム積断的な利用を促進するためにも技術的標準が必要な段階に至っている。

現実には公的な機関によって制定されている国際標準フォーマットと、市場支配力の強さゆえにデファクトスタンダードとなっているフォーマットが混在しており、何らかの調整が必要となっている。また、この問題は、後述するように、長期保存の観点からも重要である。

### （2）メタデータ（表中⑫）

コンテンツを探すために不可欠なメタデータについては、ダブリン・コア（Dublin Core）が標準の枠組みと考えられてはいる。しかし、ダブリン・コアは、メタデータの記述要素を列挙したものではあるが記述方法を決めたものではないので、それ単独ではメタデータの互換性を保証するものとはなっていない[48]。

伝統的なメディアに関しては、書誌記述（図書や雑誌論文にとってのメタデータに相当するもの）の国際標準化が進められてきた。また、米国のCORCプロジェクト[49]のように、ネットワーク情報資源を記述するメタデータと図書館目録の融合を図ることは、ハイブリッドな環境においてメディアの種類にかかわらず必要な情報にアクセスできる環境を整えるうえで重要な課題となっている。さらに、情報アクセスにおける典拠ファイルやシソーラスの機能については、図書館情報学の世界以外では必ずしも重視されていないが、ノイズの低い検索を実現するためには有効である。

**（3）大量デジタル化のための技術開発**（表中⑪）

印刷資料や博物資料などのデジタル化には多くの時間とコストが費やされており、今後、さらにデジタル化を促進するためには、大量のデータを比較的安価で迅速に処理できる技術が必要である。

すでに実用化されているシステムとしては、例えばマイクロフィルムからのデジタル化があり、国立国会図書館がこの手法によって明治期の出版物三万点のデジタル化とインターネット上での公開を行なっていることからもわかるように、[50]図書館においていくつかの先駆的事例を見出すことができる。

**（4）より使いやすい検索システムの開発**（表中⑬）

情報検索システムは長足の進歩を遂げたが、まだ改善の余地は残されている。特に一般の利用者が不満に感じているのは、例えば、検索結果が〇件になったときにどうすればよいか適切な案内がないことや、システムが次の検索を予想して利用者に先んじて検索を行う機能がないことなど、いわばインテリジェントな機能を持っていないことである。

最近、自然言語処理の立場から情報検索に関する様々な研究がなされているが、これらは利用者の検索行動には必ずしも留意していない。一方、図書館情報学では人間の情報探索に関わる研究として利用者研究が活発に行われ、情報探索行動についての研究の蓄積がなされてきた。[51]ＯＰＡＣインタフェースの改善などは、このような研究の成果といえる。

**(5) 権利保護環境の確立**(表中⑭)

デジタルコンテンツの公開性を高めるためには、コンテンツ作成者が安心してネットワーク上でコンテンツを公開できるように、コンテンツの真正性を保ち、不法な複製などを排除できる環境を整備することが不可欠である。

例えば、電子透かしなどの技術を簡単に適用できるようなプラットフォームの開発と普及が必要である。また、利用を促進するためには、権利者にとって都合がいいだけではなく、コンテンツの利用者にとっても様々なコンテンツをシームレスに使うことができる権利管理システムの構築が望ましい。

**(6) 長期保存のための研究開発**(表中⑮)

すでに指摘されているように[52]、デジタルコンテンツを長く保存していくためには様々な問題が存在する。記録メディアについては、媒体変換などが必要となるが、大量になれば相当な作業量と費用を伴う。また、メディアの保存とともに再生装置の保存も考慮されなければならない。

作成されたデジタルコンテンツが特定のアプリケーションなしには再生できない場合、コンテンツとアプリケーションをひとまとめにした保存が必要となる。その場合には、基本ソフトに依存することなくアプリケーションが一定程度、動作することを保証する必要があり、単純にひとまとめに保存すればすむという問題ではない。この問題については、すでに欧米の主要な国立図書館を中心とした大規模な研究プロジェクトが実施されている[53]。

## 3. むすびにかえて

第一節において言及したように、図書館情報学は情報の生産から組織化、利用、保存に至る一連の情報流通過程に関わる様々な技法を開発、発展させてきた専門領域であり、情報流通の各段階において必要とされる具体的な技術の精緻化を行なってきた。その技法を支える理念は、メディアの形態によらず一定の普遍性を持っていると考えられ、電子メディアの発展にも対応することができるものである。

上記の分析が示すように、図書館情報学は、文化・知的情報資源政策の検討課題に関しても、特に技術的課題を中心にその解決の方向性を示すような理論と実践をすでに積み重ねている。文化・知的情報資源研究とそれに基づく政策展開が今後の文化経済学研究にとって極めて重要な一分野を構成することになると思われ、ここで取り上げた図書館情報学的アプローチに留まらず、文化・知的情報資源に関わる様々な専門家の参加を得て、文化経済学の枠組みのなかで、今後、ますます議論が深まることを期待したい。

**注・参考文献**

（1）安澤秀一・原田三朗編『文化情報学』北樹出版、二〇〇二　では、文化情報資源を〝無限に存在し、発見され、生み出される文化（人工）情報のうち、ストックとなり、かつ資源としての価値を有する利用可能な人工的情報資源〟と定義している（五頁）。本章における「文化・知的情報資源」もほぼ同意であるが、文化という語の意味が、芸術・文化という狭い文脈で理解されるおそれがあるため、あえて「文化・知的情報資源」とした。

（2）〝特定の機関に偏らない、広い意味での文化的な活動の所産としての情報資源を構築し、提供していくための国家レベルの包括的な政策〟と定義する。竹内比呂也「文化情報資源政策の形成に向けて」『カレントアウェアネス』第二七〇号、二〇〇二、一五頁。ここでも「文化情報資源」という用語を使用しているが、〝広い意味での文化的活動の所産〟と説明しており、「文化・知的情報資源」とするほうが適切である。

（3）Ritzer, George、正岡寛司監訳『マクドナルド化の世界』早稲田大学出版部、二〇〇一、一四五頁。中国の文化情報資源政策の一端は以下の記事からもうかがい知ることができる。「複雑系の明天①」『日本経済新聞』第四一六八六号、二〇〇二年一月一三日朝刊(第一四版)、一頁。EUについては、第三節で詳述する。

(4) 長谷川豊裕「E-Commerceと学術雑誌」『情報の科学と技術』第五一巻第一号、二〇〇一、一九頁。全体的状況については、Doyle, Gillian. *Media Ownership*. Sage Publications, 2002. を参照。

(5) 同前

(6) 英国での具体例の紹介として以下を参照。
上保佳穂「国際ネットワーキングイベント『図書館・博物館・文書館 デジタル時代の協力挑戦』に参加して」『国立国会図書館月報』第四八三号、二〇〇一・六、一六—二一頁。

(7) 福原義春・文化資本研究会『文化資本の経営』ダイヤモンド社、一九九九、参照。

(8) 管谷明子「医療データベース公開に見る図書館の未来」『図書館の学校』第一五号、二〇〇一、一四—一九頁。

(9) 「知識資産(knowledgeasset)を価値の源泉としてとらえ、そこから収益を得ようという試み」。野中郁次郎・紺野登『知識経営のすすめ』筑摩書房、一九九九、一二頁。ここでの「収益」を「便益」に置き換えれば、企業以外の組織にも一般的に適用可能であろう。

(10) 平田オリザ『芸術立国論』集英社、二〇〇一、参照。

(11) 青木保「上海ソフトパワー論」『中央公論』二〇〇二年四月号、二三六—二四七頁。

(12) 國領二郎「オープン・システムが新しい価値を生み出す——プラットフォーム・ビジネスの構造」『ダイヤモンドハーバード・ビジネス』第二二巻第六号、一九九七・一一、三五—三八頁。

(13) 池上淳「文化と固有価値の経済学」『文化経済学』第二巻第四号、二〇〇一・九、一—八頁。

(14) 野中郁次郎・紺野登、前掲書、六九頁。

(15) 同じ知識経営論の中でも、知識ベース・センター(野中郁次郎・紺野登、前掲書、二〇〇頁)や知識貯蔵庫(Davenport, Thomas H. and Prusak, Laurence『ワーキング・ナレッジ』梅本勝博訳、生産性出版、二〇〇〇、二五八頁)など、その名称は様々である。

(16) 大平号声・栗山規矩『情報経済論入門』福村出版、一九九五、および、福田豊ほか『情報経済論』有斐閣、一九九七、を参照。

(17) 北川高嗣ほか編『情報学事典』弘文堂、二〇〇二。

(18) 小野欽司ほか『情報学とは何か』丸善、二〇〇二、四頁。

(19) 北川高嗣ほか編、前掲書、xi頁。小野欽司ほか、前掲書、五—六頁。

(20) 小野欽司ほか、前掲書、七七—七八頁。

(21) 越出均『経営情報学の視座——組織の情報と協創』創成社、一九九八、五頁。

(22) 石原和夫・音成行勇『経営情報管理』中央経済社、一九八八、参照。

(23) 土屋俊「電子ジャーナル——短い歴史から学ぶこと」『情報の科学と技術』第五二巻第二号、二〇〇二、七〇頁。

(24) 柳与志夫「仕組まれた革新——図書館情報学の研究動向と国立図書館の変化」『国立国会図書館月報』第四一〇号、一九九五・五、九—一〇頁。

(25) 実際にこの分野の第一人者であるダヴェンポートは、ノレッジマネジメントにおける図書館及び図書館員の役割を高く評価している。Davenport、前掲書、六八—七一頁、二三一—二三二頁。

(26) 同前、vii頁。

(27) Public Library of Science.
<http://www.publiclibraryofscience.org/> [2002-12-25]

(28) The Knowledge Conservancy.
<http://yen.ecom.cmu.edu/kc/> [2002-12-25]

(29) eEurope: An Information Society for All.
<http://europa.eu.int/information_society/ee-urope/news_library/pdf_files/initiative_en.pdf> [2003-3-11]

(30) eEurope 2002.

<http://europa.eu.int/information_society/ee-urope/index_en.htm> [2003-3-11]

(31) Community Research & Development Information Service. EContent.
<http://www.cordis.lu/econtent/home.html> [2003-3-11]

(32) Information Society Technologies.
<http://www.cordis.lu/ist/> [2003-3-11]

(33) Lund Principles.
<http://www.cordis.lu/ist/ka3/digicult/lund_principles.htm> [2003-3-11]

(34) DigiCULT.
http://www.cordis.lu/ist/ka3/digicult/home.html [2003-3-11]

(35) European Commission. The DigiCULT Report: Technological Landscapes for Tomorrow's Cultural Economy: Unlocked the Value of Cultural Heritage: Full Report. Luxembourg, Office for Official Publications of the European Communities,2002,324p.
<ftp://ftp.cordis.lu/pub/ist/docs/digicult/full_report.pdf> [2003-3-11]

(36) Our Information Age: the Government's Vision. [London] , Central Office of Information, 1998, 35p.

(37) National Grid for Learning.
<http://www.ngfl.gov.uk/> [2003-3-27]

(38) People's Network.
<http://www.peoplesnetwork.gov.uk/> [2003-3-27]

(39) The Council for Museums, Archives and Libraries. Information and Communications Technology and the Development of Museums, Archives and Libraries : A Strategic Plan for Action. London, Resource, 2001, 16p.
<http://www.resource.gov.uk/documents/itcs-trat.pdf> [2003-3-11]

(40) NOF-Digitise. <http//www.nof-digitise.org/> [2003-3-27]

(41) Culture Online. <http://www.cultureonline.gov.uk/> [2003-3-27]

(42) New Library: People's Network. London, Library and Information Commission, 1997, 142p. <http://www.ukoln.ac.uk/services/lic/newlibrary/full.html> [2003-3-11]（『新しい図書館：市民のネットワーク』永田治樹・小林真理・佐藤義則・増田元訳、日本図書館協会、二〇〇一、一三一頁。）

(43) Department of Trade and Industry. UK Digital Content: An Action Plan for Growth. London, Department of Trade and Industry, 2000, 27p. <http://www.dti.gov.uk/cii/docs/ukdigital_content.pdf> [2003-3-11]

(44) 首相官邸 http://www.kantei.go.jp/ [2003-3-27] 参照。

(45) 大塚奈奈絵「図書館ネットワーク時代の蔵書構成と蔵書評価」『現代の図書館』第三三巻第二号、一九九五、九七―一〇一頁。

(46) 杉山誠司「学術図書館における新尺度開発の国際的な動向」『情報の科学と技術』第五一巻第六号、二〇〇一、三三七―三四三頁。

(47) 国立国会図書館「納本制度審議会」<http://www.ndl.go.jp/jp/aboutus/deposit_council_book.html> [2003-3-27]

(48) 杉本重雄「メタデータに関する最近の話題から――サブジェクトゲートウェイとDublin Core」日本図書館協会目録委員会『電子資料の組織化』日本図書館協会、二〇〇〇、四五―五六頁。

(49) OCLC. CORC. <http://www.oclc.org/oclc/corc/> [2003-3-27]

(50) 国立国会図書館「近代デジタルライブラリー」<http://kindai.ndl.go.jp/> [2003-3-27]

(51) 例えば、田村俊作編『情報探索と情報利用』勁草書房、二〇〇一、二八二頁。

(52) Muir, A. "Legal Deposit and Preservation of Digital Publications: A Review of Research a Development Activity," Journal of Documentation, Vol.57, No.5, 2001, pp. 652-682.
(53) NEDLIB. <http://www.kb.nl/coop/nedlib/> [2003-3-27]

# 第二章　デジタル文化資源構築の意義

## はじめに

「文化」を文化「資源」という観点で見ることに違和感をもつ人がいるかもしれない。「デジタル」文化資源となればなおさらだろう。筆者もすべての文化が資源やデジタル情報に収束すると思っているわけではない。むしろそこに収まりきれない、人間の発話や行為、感情、意志、記憶にこそ文化の本質があると思う。しかしその一方で、ある国や地域の文化あるいはある時代の文化が、その社会的状況と不可分に結びついているとすれば、デジタル化が進展する中で、「デジタル文化資源」の側面から文化の継承や創造にアプローチすべき幾つかの要因が生じていることも確かである。

その大きな背景として、社会の構成要素であるヒト、モノ、カネ、情報などの編成原理において、資源化

（「資源」としての社会的編成）が好むと好まざるにかかわらず進行している、あるいは資源的側面の重要性が増していることがある。例えば、人格的関係や地縁的関係など様々にありうる人的編成の中で、人々を人的資源として捉えようとする観点は経営学的アプローチにとどまらず、労働や教育など様々な分野への広がりを見せている。文化もその例外ではなく、文化的行為を成り立たせるための基盤としての文化資源、特に文化の「情報資源」[1]的側面の重要性は高まっている。ダンサーがただ踊ればダンスになるのではなく、振り付けや作曲・演奏、劇場・装置・照明、衣装、パンフレットやチラシなどの文化資源が整備されて、その上にダンスの公演は成り立っている[2]。文化はそのままの姿でただ「そこにある」のではなく、「文化資源」[3]として人々に発見されるあるいは創出されることを待っているのである。さらに、そこに「デジタル」の要素が付加された「デジタル文化資源」[4]は、社会的・技術的環境の大きな変化・発展を反映して、その重要性を増している。デジタル化には、旧来の文化資源に比べて、物質性の制約を免れるが故の大きなメリットがあるからだ。

建築のようにそもそも動かせないものはもちろんのこと、動かすことのできる美術品や本であっても、それを利用するためにかかる手間やコストは個人にとって大きな負担であった。デジタル情報は、現物のもつ空間的・時間的・経済的制約を乗り越えて、世界中の情報資源を個人レベルで利用できるようにすると共に、ある地域だけでしか使えなかった、あるいは特定の個人がしまいこんでいた文化資源を世界に発信することを可能にした。デジタル文化資源のグローバル性と地域の特性を活かしたローカル性の両方を併せもつ「グローカル化」である。デジタル情報の汎用性・加工性・蓄積性の高さは、様々な目的をもった利用の仕方を保障しながら、絵の鑑賞や読書のように、作者の「完成品」を一方的に受け止めるしかなかった利用者が、作者と一緒に、または利用者同士で双方向性をもちながら作品を作り上げていくことも可能にしている。デジタル情報とすることによって、それまで個別に利用するしかなかった文字、音声、画像、動画を統合して使えるようになったことも大きな変化である。こうした変化のすべてを列挙することはできないが、デジタル化が創造と利用の両面でその利便性の増大という大きな貢献をしていることは確かだろう。

しかしその一方で、海賊版の作成・流通がしやすくなる、玉石混淆の大量の情報の価値判断が問われる、長期デジタル保存の仕組みが確立・保障されていないなど、マイナス面があることも認識しておく必要がある。何より東日本大震災等の大規模災害が示したように、電気が止まってしまえばアクセスすらできない、というデジタル情報の脆弱性をどう克服するか、大きな課題である。

そのような問題点があることを勘案しても、すでに人々が社会生活の多くの場面で情報の入手・利用をパソコンやケータイに頼っている以上、文化資源のデジタル化とその活用は、日常生活を豊かにするという次元から国のソフトパワーを増すという政策的次元に至るまで、すべての社会的局面で重要な要因となっていることは間違いない。

## 第一節　デジタル文化資源とは

### 1　デジタル文化資源の特徴

日本が、諸外国と比べても極めて多様で豊かな文化資源を保有し、創出する能力を有していることは疑いない。しかし当然ながら、すべての文化資源がデジタル情報に置き換えられるものではない。また仮に置き換え可能であっても、それが有効なものになるか否かはそれぞれの文化資源の特性によるだろう。さらに、もともとは別のメディアのコンテンツをデジタル変換する場合と、最初からデジタル情報である場合とでは、運営コストや操作性などの点で違いがある。そこで、電子書籍を例にデジタル文化資源の特徴について考えてみたい。

ここで書籍を文化資源の例として挙げることに違和感をもつ人がいるかもしれない。一般に「文化資源」という言葉で思い浮かべるのは、歴史的建造物などの文化遺産や芸術的価値をもつ美術工芸品ではないだろうか。しかし人間の知的・文化的活動の大半は言葉と文字によって担われており、映画撮影も演劇上演もそれなしでは成立しない。文字情報、そしてそれを情報資源化した書籍は、他の文化資源を有効に使うための基盤的役割を果たしている。(5)

日本では二〇一〇年は電子書籍元年と言われ、海外製品を含めた読書端末の発売や出版社等による電子書籍販売サイトの開設など多くの話題があった年である。しかし従来から需要のあった携帯電話用のマンガ配信を除くと、電子書籍そのもののイメージにあまり進化はなく、すでに紙で存在していた小説類を電子形式に置き換えた程度で、本来の電子書籍のメリットを生かした作品はほとんど提供されなかったのが現実である。それでは、本来の電子書籍とはどのようなものだろうか。ここではそれをマルチメディア性、オープン化・ネットワーク化・インタラクティブ性、可変性、マイクロコンテンツ化と蓄積性、そして編集性の五つのキーワードで考えてみる。

マルチメディア性は電子書籍でなければできない最大のメリットだろう。これまで文字中心で、せいぜい写真までであったテクストに、動画や音声を取り込むことにより、より高度なハイパーテクストの生成が可能になる。有名俳優のインタビュー記事を読みながら同時に本来の肉声を聞き、その背景となる過去の出演番組は動画として、インタビューの内容で言及されていた読者にとって未知の人物は写真で参照できる、というイメージだ。

著者からの一方的なメッセージを受け取るしかなかった紙の本と違い、読みながら著者に感想を書いて送る、離れた所にいる複数の人と同時に読みながらコメントを相互に参照する、別のテクストと比較して読む、インターネット情報源と自由にリンク化できるなど、読者とのコミュニケーションや外部テクスト（情報源）とのネットワーク化をとりいれることによって、閉じられたテクストをオープン化することも本来の電子書籍としてのメリットになるはずである。

ウィキペディアがすでに実現しているように、読者との双方向性を包含したテクストの可変性は電子辞書や電子事典にとって大きな強みとなる。技術革新やノウハウの発見が日々行われている実用書にとっても、その都度改変が可能となる電子書籍化はメリットが大きいだろう。しかしその一方で、元のテクストが保存されなくなる、改変できる根拠をどこに求めるか、著作者人格権はどうなるのか、など様々な問題が生じてくるのは確かである。

本というパッケージにまとめなければならない制約がないことも本来の電子書籍としてのメリットになる。必要なときに必要なテクストを組み合わせて編集・発信していくことが可能になり、その単位となるテクストの断片化・小口化（マイクロコンテンツ化）は進むだろう。その一方で、断片的な過去の記事であっても、それを蓄積しデータベース化することで、今の必要にふさわしいものであれば、現在の記事と同等のレベルで組み合わせて使うことが可能である。マニアしか読まなかった古い雑誌記事を、一般の人の目に触れさせる機会を増大させる効用があるかもしれない。

最後に、これら四つの要素を最大限効果的にするためには、これまで紙の本で果たしていた編集者の役割、つまりそれらの素材を利用者の目的に沿って効果的に組み合わせる「編集性」の価値がますます重要になってくると思われる。

これら五つの要素は、電子書籍に限らず、ほとんどのデジタル文化資源にあてはまる特徴と言える。そしてデジタル文化資源すべてにあてはまる最大の特徴、それはコンピュータ上ですべての情報を同等の形で扱えるということだ。

## ２　ＭＬＡのもつ文化資源とデジタル文化資源の意義

これまでは、その場に行かなければ利用できなかったり、仮に自宅や職場に持ちこめてもメディアの違いに応じた使い分けをしなければならなかった文化資源を、机上のコンピュータや手に持ったケータイ上で使えること、これがデジタル文化資源の最大のメリットと言ってよいだろう。それでは、デジタル文化資源と従来のインターネット情報源とは何が違うのだろうか。

実は、デジタル化された情報資源という意味では同じと言えば同じである。しかしすべてのインターネット上の情報資源は文化資源だろうか？　極端な例をあげれば、ある普通の個人ブログの極私的記述やそれに対する誹諸中傷コメントが（社会学的な研究対象とする場合などを除いて）文化資源であるとは思えない。デジタル情報資源（及びリアルな情報資源も）が文化資源であるためには、公共性の観点から見た文化的価値が認められなければならないと筆者は考えている。では公共性の観点とは何か。筆者はかつてその要件として「公的性」「共通性」「公開性」の三つを挙げた(6)。今はそれを多少言い換えたうえで、「公平性」を加えた「正当性」「普遍性」「公開性」の四つの要素が公共性を支えていると考える。

誰かの勝手な思いつきではなく、何らかの議論・評価の過程を経て定められた「正当性」、個人的な嗜好ではなく、たとえ最初は少数派で異論が多くても共通の理解が可能な「普遍性」、不利に取り扱われることを防ぎ、同じ土俵で評価される「公平性」、実際の利用形式は様々であるとしても、原則的には誰でもが利用できる「公開性」の四つのスクリーン（ふるい）を通過したデジタル情報資源をここではデジタル文化資源と呼ぶことにしたい(7)。

そのようにデジタル文化資源を捉えたとき、MLA（美術館・博物館、図書館、文書館）が所蔵する資料のデジタル化あるいはもとからのデジタル情報（born-digital）こそ、代表的なデジタル文化資源と言えるのではないだろうか。これらのデジタル文化資源は、最初から「公共的な」利用が保障されているからである。しかし問題は、日本のMLAが所蔵するほとんどの文化資源が、まだデジタル文化資源になっていないことだ。そしてこのような状況は、国内の文化資源全般にあてはまると言ってよいだろう。

## 3　新しい知の体系に向けて

旧来の文化資源のデジタル化によるデジタル文化資源に加えて、最初からデジタル情報である大量のデジタル文化資源（あるいはその候補となるプレデジタル情報資源と呼ぶべきもの）が日々コンピュータ上で産出されている。そうしたデジタル文化資源は、多くの点で従来の文化資源あるいはそれをデジタル化したものとは異なっている。わかりやすい例として、デジタル情報としての文献(8)をとりあげてみよう。

何よりもその特徴は大量産出性ということだ。限られた人だけが本や雑誌記事を書いた時代とは、まさに桁違いの量だろう。毎日どれだけの文献が生産されているか誰も把握できない。もちろんそれらすべてが文化資源となるわけではないが（それは紙の世界でも同じ）、さらにこうしたデジタル文献がすべて等価値でないことも、紙の世界と同様確かである。むしろ大量であることは、価値のあるものも多いが、そうでない文献はさらに圧倒的に多いということを示している。[9] 本の世界では、質の保証を編集者が担うことにより、ある水準以上の内容でなければ本にならない仕組みがあった。[10] 文献の雲（クラウド）から、人々の役に立ち、関心を引く、創造性に寄与しうる、一定以上の情報的・知的価値をもった文献をいかに選ぶか、これは文献の価値づけに関わる新しい課題であり、写真や動画など他のデジタル文化資源にもあてはまる問題と言えよう。

もうひとつデジタル文化資源に共通の課題がある。それは体系性あるいは構造化の問題である。文献についていえば、これまで図書館で用いられてきた分類や制御されたキーワード（件名）による体系化の有効性がほとんど通用しなくなっている。なぜなら、それらの体系は、文献の中にある情報を対象としていたのではなく、実際はそのコンテイナー（容器）である本という物理形態を対象としていたからである。物的支持を失ったデジタル文献には、それにふさわしい新しい知識体系とそれをコンピュータ・プログラムに実装できる構造化の仕組みが必要だ。

これまでの検索エンジンでは、文献の大量性と高速検索性を活かした自由語（フリーキーワード）による文献の検索を中心に行なってきた。しかしますます膨大になるデジタル文献対象を前にして、利用目的に沿った、より効果的・効率的な検索を行なうためには、情報・知識の体系的なデータ構造化と検索性が求められているのは間違いない。

## 第二節　デジタル文化資源の形成

## 1　地域からの創造

デジタル文化資源は、これまでの文化資源と同様、個人や組織の日々の社会的・文化的活動の結果、意図的にあるいは意図せずとも自ずと産出されている。その意味で国や自治体が敢えてそこに関与する必要はないと思われるかもしれない。しかもそこには表現の自由・思想信条の自由などの基本的人権に関わる重大な要因が含まれている。農業政策や工業政策と同じ次元で資源生産を論じることには慎重であるべきだろう。

しかしその一方で、書籍のデジタル化に関わるグーグル訴訟[11]が象徴的に示したように、グローバルなデジタルネットワーク環境の中で何も対応策をもたないということは、世界的潮流や他国の情報戦略にそのまま飲み込まれるおそれがあることを意味している。国や地域の固有の文化の継承・発展や文化資源への国民のアクセスの保障は、公共性の維持にとって不可欠の要件である。欧米諸国やアジア主要国が、近年デジタル文化資源政策を国の重要施策と位置づけ、様々な施策を展開していることも考慮すべき要因だ。

過疎化や財政難が進行する国内各地域の状況に目を転じたとき、文化振興や文化資源の形成を地域の新しいコミュニティ形成やまちおこしの重要な契機として取り組み、成果を上げている自治体が少なからずあることがわかる。その中でのデジタル文化資源の役割は多様であるが、代表的なのはデジタルアーカイブ作りだろう。アーカイブ化の対象は、地域を代表するこれまでの文化資源（例えばその地域出身の画家の作品や古来のお祭り）のデジタル化の場合もあれば、埋もれていた史料の発掘や古老の昔語りの記録、子どもたちがそのために制作した絵画や文集、町内イベントの記録映像などを新たに編集することによってデジタル文化資源化しようとする場合もある。あるいは、町の老舗商店、寺社、図書館、学校など様々な施設・機関がもっている情報を電子地図上にマッピングして、一種の街歩き案内に使おうという試みがある。

文化資源を利用した従来のまちおこしが、名所旧跡のリニューアルのような既存の資源の再活用、美術館などの新しい文化施設の建設、一過性のイベントなどに偏りがちだったのに対して、デジタル文化資源としての地域資源の活用は、これまで見過ごしていた「普通の」文化資源を改めて発見・再評価したり、特別な人の作品ではなく、地域の「普通の人たち」がつくってきたものを記録し、あるいはこれからつくることを支援するために有用な視点だと思われる。しかもデジタルであることの特徴を活かし、これまでリアルな世界では結びつかない（結びつけ難い）様々な分野の文化資源をネットワーク化することができるようになったことは大きな成果だろう。当然ながらネットワーク化は地域内にとどまらず、全国または世界と結びつくことを可能にしたのである。

## 2　インフラとしての共通デジタル文化資源の保障

これまで情報資源化されにくかった地域の文化資源を発掘し、創造することにデジタル化が大きく貢献しうるとすれば、それらをそのまま統合することで全国レベルのデジタル文化資源形成は可能なのだろうか。必ずしもそうとは言えないことは、再び本の世界を例にとればわかりやすいかもしれない。

地域で形成されるデジタル文化資源は、本で言えば、地方出版社、地方新聞社、地域の各団体、自治体等の発行する地方出版物に相当する。デジタル情報化は、これまである程度の編集・経済能力がないと発行できなかった出版物の範囲を、個人や小さなサークルのレベルまで発行主体を広げたことに大きな意義がある。

一方で、全国紙や一般的な図書・雑誌は、日本では全国津々浦々まで普及し、原理的には誰でも入手可能だ。再販制度や委託販売制度に支えられた世界的にも例がない日本の出版流通制度には近年大きな批判があるが、それが人々の情報・知識レベルの底上げ・均質化や中小零細出版社による多様な出版物の発行を可能にしてきたことも確かである。地方出版社も、それら全国流通をしている出版物の利用可能性を前提に、その地域の独自性を活かした出版を行なってきた。人々が知識の共通基盤として使える文化資源があってこその、地域固有の文化資源形成という側面を忘れてはならないだろう(12)。

この点に関して、本の世界で成立した全国的な出版物流通制度と地方出版物の棲み分けは、電子書籍の世界ではまだはっきりとした展望が描けていない。むしろ現状では、出版社ごとに通信、印刷等関連企業と連合を組んで販売サイトを立ち上げることが進んでいる。しかしそこで提供される電子書籍点数はせいぜい一〇万点程度にとどまっている。(ネット)書店を窓口に全国流通しているあらゆる本が入手可能であることと比べて、利用者から見れば電子書籍毎に販売サイトを選択しなければならない不便は、今後の電子書籍流通の発展を阻害しかねない。また、こうしたサイトを開設できる大手・中堅出版社と、それに対応できない零細出版社の格差を生みだす可能性も否定できないだろう。

従来は「公共アーカイブ」という場合、そこで提供される情報・資料はパブリックドメインのものに限られ、商用流通している情報・資料は除外して考えられてきた。しかし、人々の知的共通基盤を構成するデジタル文化資源の構築という観点に立てば、それが公的領域にあるのか商用領域にあるのか、無料か有料か、古い情報か新しい情報か、の違いは大きな意味はもたない。これまでの、「図書館に代表される公共・無料・ストック情報」と「書店に代表される民間・有料・フロー情報」という二分法は、本という物理形態の流通形式に大きく依存していた。物理的制約から免れて、その境界線をやすやすと越えてしまうデジタル情報の世界では、新しい枠組み、つまり旧来の官民の敷居を超えた、文献に関わるデジタル文化資源の全国的流通制度とそれを円滑に運用するための著作権処理の仕組みを考える必要が生じている[13]。ここではまさに国レベルの対応が求められているのである。

そしてもうひとつ、国レベルの対応が必要なことがある。それはデジタル文化資源に関わる国家戦略としての国際的対応である。国内出版物の全国的流通を支えるインフラ整備が行なわれない場合、グーグルを始めとする海外の流通システムに国内電子書籍流通が絡めとられてしまう可能性は否定できない。もちろんそれが選択肢の一つとしてあることはむしろ流通の多様性を保障する意味でも好ましいことであるが、それが唯一の選択になってしまうことは、価格決定権の喪失や表現の自由という観点からも避けるべきことだろう。

さらに積極的な国際的対応が望まれる分野としては、国内電子書籍の日本語障壁の克服、つまり国家規模での翻訳機能の保障も、民間企業だけではできない、国として必要な政策ではないだろうか。

## 第三節　デジタル文化資源形成を支えるもの

### 1　デジタルキュレーターの登場

デジタル文化資源は、他の文化資源と同じように、放っておいても全国で日々生産されている。しかし「質の高い[14]」ものをつくっていくためには、何よりもそれをつくる人と、その価値を認めて利用する人がいなくてはならない。その中で今注目されているのが、デジタルキュレーションの機能である。

もともと美術工芸品の世界で「目利き」は不可欠の存在だった。制作者がどんなに自分で素晴らしい出来だと思っても、目利きに認められなければ何の価値ももたなかった。しかし大量かつ多様な作品が生産される中で、そのような少数精鋭的な価値選択よりも、多くの人の支持が得られるものにこそ価値があるという考え方が大勢を占めるようになったのが現代の風潮と言っていいだろう。そこに変化が生じている。

その背景としては、多くの人が指摘するように、あまりに大量のモノと情報を前に、多くの人が何を選んでいいか戸惑っていることがあるのは確かだろう。それに対処する方法として、そこから価値ある情報を発掘・選択し、それに共感・信頼できる人たちに提示する機能がキュレーションである。もちろんそれは今初めて発見された機能ではない。元のキュレーター（Curator）という言葉が示すように、ミュージアムの学芸員は数ある絵画や考古資料の中から、自分の経験と知識、センスを用いて収蔵品や展示品を選んできた。また、そうした知見をもとに、調査と研究を重ね、自ら新しい価値（知識）を創造してきた。それをデジタル文化資源に適用したとき、デジタルキュレーターの存在が浮かび上がってくるのである。ここで重要なことは、それが専門的職業として成立するのか、それともそのような機能を果たす一般人のボランティア的活動が中心となるのかというような制度設計上の問題よりも、その前提となる社会的共通理念の転換である。つまり、大学や役所の「権威」や「権限」によるのではなく、利用者との双方向性を保障するデジタルキュレーターの目利き度に対する「共感と信頼」にこそ、デジタル文化資源活用の本質があると言えよう。

こうしたデジタルキュレーターの養成はどのようになされるのだろうか。養成などしなくても自然に現れてくる部分もあるだろう。しかし実際のキュレーターたちも、訓練と自己研鑽を積んできたからこそ目利きとして認められること[15]、そしてデジタル技術の習得という別のスキルも必要になってくることを考えれば、今後大学または大学院レベルの専門的養成コースの設置も視野に入れる必要があると思われる。

名称が示すとおり、文化資源はデジタル文化資源よりも包括的な概念である。「書籍」が紙の本と電子書籍の両方を指すのと同じだ。電子書籍がまだ小説を電子に置き換える程度のレベルなら、本のアナロジーで電子書籍を語ることは可能だろう。しかし、電子形態の本来の強みであるマルチメディア性など、第一節1（五二―五三頁）で挙げた五つの特徴を備えたとき、それをいつまでも本との対比で捉えることが適切かどうかは疑わしい。そしてそれはデジタル文化資源全般についても言えることだろう。これは興味深い問題であるが、ここで深入りすることは避けたい。今ここで提起したい問題は、デジタル化された後の、あるいはそもそもデジタル化が困難な、形ある文化資源のことである。

## 2　形ある文化資源の保存と活用

文化資源というような概念が形成されていないはるか古代から、我々は本や絵画、文書など様々な形あるものから情報や知識を得てきた。そして近年になって初めて物理的形態の制約なく、必要とする情報の多くをデジタル形式で入手することが可能になったのである。今や若者の多くは紙の新聞を読まず、ネットでニュースを見るようになった。小学校から大学に至るまでの教材の大半もそう遠くない将来に電子化されるのではないだろうか。そのとき、リアルな世界の文化資源は、どのように利用され、保存されることになるのか、予測は難しい。好むと好まざるにかかわらず、あるいは望ましいか望ましくないかにかかわらず、やはりそれらは滅びゆくメディアなのだろうか。むしろその希少性によって価値を見出すことになる、という過程は歴史上珍しくない。そうした形あるメディアの保管庫として博物館や図書館が機能するのか、前述したように地域のデジタル文化資源の収集・活用のノードとして機能するのか、あるいはその両方の機能をもたなくてはならないのか、ミュージアムや図書館の今後にも関わる問題である。ただひとつ言えそうなことは、デジタル文化資源の活用に社会が向かうにあたって、こうしたデジタルにのらない文化資源の保存と利用を保障する装置を用意しておくことの必要性である。

## 3　組織――持続性の保障

デジタル文化資源は、その作成のためのいわば閾値を大きく下げ、個人レベルでつくられたものが、組織的に作成されるものを凌駕することも珍しくない。新刊書が主要紙の書評欄に掲載されることは、かつては一定以上の売り上げ部数を保証していたが、今やその分野に詳しい特定のブロガーにとりあげられる方が大きな影響力をもつと言われている。

デジタル情報の生産・流通について、このような状況の進展は止まることはないだろうが、一方で、その永続的保存となると事情は大きく異なってくるように思われる。デジタル情報の保存媒体について言えば、確実に一〇〇年もつと言えるものは現段階では存在しないとされている。確実に情報を保存するためには、定期的な媒体変換が必要とされる。一〇〇〇年の歴史を経た和装本との大きな違いだ。

それが意味することは、個人レベルで放っておいても（酸性紙でない限り、そして捨てたり災害にあったりしない限り）一〇〇年、二〇〇年は残ることが確実な本と違い、デジタル文化資源の保存には組織的な対応が必要になるということだろう。このような媒体変換を定期的に、継続的に個人のレベルで行なうことは困難だからである。

こうした組織的対応を専ら公的機関が担うのか、それとも企業を含めた民間組織も関与すべきことなのかの論議も必要であるが、はっきりしているのは、そのための人員と予算がいるということである。

デジタル文化資源の生成から保存（場合によっては廃棄）に至るライフサイクル管理のためのコストを考えておく必要があるだろう。

注・参考文献

（1）ここで言う「情報資源」とは、情報が、①組織化（あるルールによる秩序化）されている、②何らかのメディアに定着されている（電子化を含む物質化）、③原則、誰にでも利用できる（一般公開かメンバー限定か、有料か無料か、は問わない）、④資源化を担う個人または組織が存在する（価値化の保障）、⑤ある程度の恒常性を保障する仕組みとそれに基づく信頼性がある（安定性）、⑥それを利用して新たな価値を創造することができる（再資源化）、の六要件を満たしていることを意味する。

（2）もちろん、そのような資源配備をいっさいせず、いきなり街中の道路で踊るダンスがあることを否定するものではない。

（3）歴史的景観・建造物などを想起させる「文化遺産」や芸術的・歴史的価値をもつ「文化財」ではなく、文化的・知的活動の産物である書籍、芸術作品、工業デザイン、建築、ファッション、映画、CD、チラシ・ポスター、公文書、料理レシピなど多岐の対象の情報資源的側面を指すために「文化資源」の用語をここで用いる。なお、第一章では正確さを期して「文化・知的情報資源」という用語を使っているが、本章以下ではわかりやすく「文化資源」の用語で統一した。

（4）「デジタル文化資源」の用語で、デジタル化された文化資源および最初からデジタル形式で産出された（born-digital）文化資源の両方を指すことにしたい。

（5）それがパントマイムであったとしても、それを上演するためには関係者間での言葉を使った準備が不可欠である。

（6）柳与志夫『知識の経営と図書館』勁草書房、二〇〇九年、一二八頁。

（7）誤解しないでほしいのは、この四つの要件は、たとえばエロ・グロ的表現分野を排除するものではないことである。すべての分野にこの要件はあてはまると思っている。

(8) 文献というと堅苦しくなるが、「ある意図のもとに編成された意味のある文字列の集合」としておこう。電子書籍はもちろん、ブログやツイッターもその範囲に含まれる。

(9) 高い価値の文献とそうでない文献があるからと言って、後者の文献が不必要であるということではない。しかしその取扱いが違ってくるのは当然だろう。

(10) そうでない本が近年大量に出版されるようになってしまったのが、出版不況の原因なのか、それとも結果なのかについては意見の分かれるところである。

(11) グーグルの書籍検索サービス「Google Book Search」をめぐって、グーグル社と米国出版社協会などの間で争われていた訴訟の和解案が二〇〇八年に成立し、グーグルが行なった米国主要図書館の蔵書デジタル化に含まれた日本の出版物もこの和解が影響するとして、法廷通知の広告が二〇一〇年に日本の主要紙に掲載された。日本の著作者の意思表明がない場合には、和解に参加するものとみなされたことにより、国内でも大きな話題となった。

(12) この点については、文献等文字情報、音声、画像、動画等での違いはない。

(13) 例えば、一方に、民間で企業経営的に運営する公共アーカイブと流通・権利処理システムがあり、他方で、そこで流通するデジタル情報の保存と制度保障に責任を持つ公的機関があって、両者が一体となって運営していく、というようなイメージが描けるであろう。

(14) 何をもって質が高い低いとするかについては、利用目的や分野、受容する社会等によって様々な基準があるだろう。しかしそのこととデジタル文化資源に価値の高低があることを認めないことは別の話である。すべての文化資源には何らかの価値があるが、その優劣を認めることにこそ文化の本質があると考える。もちろん、その価値の優劣は、時代や社会状況の変化を受けて常に変わりうるものである。

(15) つまり、学芸員資格があるだけでは、本来のキュレーターではないということである。実際のミュージアムにおいても、すべての人がキュレーターとしての信頼を得ているというわけではなさそうである。

# 第三章　デジタル文化資源の可能性

## はじめに

視聴覚センター・ライブラリーはかつて公共図書館の中に置かれる場合も多く、全国の歴史ある公共図書館には今でも大量の古い記録映画・教育映画が保管されていることは、記録映画保存センターによって行われた近年の調査でも明らかである。[(1)] 図書館には、図書・雑誌だけでなく、ビデオ、ＤＶＤ、ＣＤ、カセットなど様々な視聴覚資料が収集・保管されている。図書館の目的が、情報・知識の提供にあるとすれば、それがどんな資料形態・メディアであろうと図書館資料の対象になることは当然である。しかしそうは言っても「図書」館である限り、利用者も図書館員も、図書が第一、それ以外の資料は二の次になってしまうのも理解できる。その結果、扱っている主な資料の違いに応じて、図書館、博物館、美術館、文書館、史料館、視聴覚センター、放送ライブラリー等々が並立し、資料の特性に応じて、それら施設の機能、組織、専門職等のあり方が規定されるようになった。しかし、考えてみればこうした時代はそれほど長く続いているわけではない。メディアの多様化が進んだ近現代の話にすぎない。そして、その時代も大きく変化しようとしている。言うまでもなく、情報・知識のデジタル化の進展である。

「公文書」館と名付けることによって、文字資料としての文書を扱うことが公文書館の使命のように思われがちだが、公的組織における意思決定や活動の記録とその活用が公文書館本来の趣旨だとすれば、録音記録や映像も同じように重要な対象である。資料のデジタル化はようやくそれらを同一次元で扱うことを可能にした。「デジタル文化資源」という概念は、それらが文字どおりデジタルコンテンツであることを示すだけではなく、メディア毎・資料毎の対応からの脱却を意味しているのである。

## 第一節　文化資源からデジタル文化資源へ

### 1　文化資源とデジタル文化資源

近年「アーカイブ」や「デジタルアーカイブ」という言葉の社会的認知度が急速に高まってきたように思われる。その一方で、それによって喚起されるイメージは人によって千差万別である。本章ではではとりあえず、あまりに緩い定義だと思われるかもしれないが、文化資源の種類を問わず、特定の目的に沿ってそれらを収集・組織化・利用提供・保存できる仕組み（施設、組織、機能など）を総称してアーカイブと呼ぶことにしておこう。

そしてアーカイブとデジタルアーカイブの関係については、アーカイブのコレクションがデジタル化されたもの、それがデジタルアーカイブだというのが、多くの人がこれまで持っていた印象ではないだろか。(2) しかし、ことはそう簡単ではない。

アーカイブの持つ様々なコレクションのデジタル化が進んでいる。あるいは、新たに収集する資料自体が最初からデジタル文化資源である場合も多いだろう。それでは、あるアーカイブのコレクションすべてがデジタルコレクションになった時、それをデジタルアーカイブと呼ぶのだろうか。おそらくそうではない。アーカイブとデジタルアーカイブは、異なる原理・異なる機能と制度の上に成り立っているように思われる。それは結局のところ、資料という物理的媒体の中の閉じたテクストに基づくコンテンツなのか、ネットワーク性やコンテクスト性を前提にした開放的テクストであろうとするデジタル文化資源をコンテンツとするかの違いに起因している。資料がデジタル化されても、それが閉じたコンテンツのままなら、それはデジタルアーカイブとは言えないのではないだろうか。

一九九〇年代、電子図書館論の興隆と軌を一にして、全国各地で様々なコンテンツのデジタル化が行われた（それらの多くはデータベースと呼ばれていた）。また、世界に先んじて我が国でデジタルアーカイブの概念も提示された。しかし、それらデータベースの多くは孤立した形で構築され、ネットワーク化もコンテンツの更新も行われることなく、ひっそりと社会的には埋もれてしまったように見える。そこには社会政策や産業政策上の様々な要因が関係しているだろうが、従来の文化資源を扱う論理や心性（マインドセット）のままでデジタル文化資源を扱おうとしてもうまくいかないのである。

文化資源を単なるモノではなく文化資源たらしめているのが、そこに盛り込まれた情報・知識であるとしても、モノに基づく「個別性」こそが文化資源の本質と考えられる。食器であれ、本であれ、衣服であれ、それらの文化資源が制作された様々な身体的・社会的・歴史的背景をもち、その一つ一つに価値がある。それらを組織化・編成したコレクションに価値があるとすれば、それを成り立たせているのは個々の文化資源なのである。別の言い方をすれば、文化資源には「単位の論理」があると言ってもよいだろう。

それに対して、デジタル文化資源を成り立たせているのは、モノという器にとらわれず、様々な情報・知識が自由に行き交い統合化されていく「普遍性」にあり、そこには「結合の論理」があるのではないだろうか。まさにライプニッツがめざした普遍学であり、結合法（Ars Combinatoria）である。確かに現在でもデジタル写真一枚一枚、デジタル論文一本一本は区別されている。しかし、それらは、ハイパーリンクやハイパーテクスト化などにより、次第に結合化・統合化・ネットワーク化されていくのは間違いないだろう。最近のＩＩＩＦはそうした動きを象徴しているように思われる(3)。

## 2　デジタル文化資源のメリットとデメリット

デジタル文化資源には、モノに託されたこれまでの文化資源とは異なる幾つかの特性がある。そのひとつは、情報・知識の断片化（マイクロコンテンツ化）と蓄積性、その裏返しである編集性と統合化、それらが同時に可能になったことだ。第二に、マルチメディア性がある。同じデジタルコンテンツとして、文字、画像、音声等を統合的に扱うことが可能になった。それこそがこれまで資料形態毎に対応しなければならなかった図書館や視聴覚センター、文書館等の垣根を超える大きな要因である。第三の特性は、それまでの資料という器から、そこに盛られていた情報・知識を開放したことである。それは外部情報源とのネットワーク性を持つことにより、テクストのコンテクスト化、逆にコンテクストのテクスト化を容易にした。電子ジャーナル論文における他論文や諸データの引用は、そのわかりやすい一例である。そして、テクストの可変性・インタラクティブ性が第四の特性としてあげられる。

こうしたメリットの一方で、デジタル文化資源には重要な難点があることも確かだ。それをひと言で言えば脆弱性ということになる。プロトコルやアルゴリズムの改変、ファーマット変換、読み取り装置の製造中止、コンピュータウィルスなど様々な要因によって簡単に利用できなくなってしまう。何より、電気がなくなったら終わりだ。モノの文化資源は、ほっておいても残る可能性はあった。しかし、デジタル文化資源は、それを「残そう」という意思がなければ残らないのである。古い建造物や資料の保存に比べて看過されがちであるが、実は保存の問題はデジタル文化資源にとって本質的な課題なのである。

デジタル文化資源保存の課題は多岐にわたる。モノに縛られないデジタル情報でありながら、結局は何らかの媒体に蓄積・保存せざるを得ないという皮肉な事実や、ソフトウェアの頻繁な改訂への対応などの技術的問題、それに対応できるスタッフをどう確保するかの人的問題、ウィルスや情報漏洩などのセキュリティ対策、それらのコストをどのように見積り、手当てするかの経済的問題、世界的な巨大プラットフォーマーにネットワークを握られたままでいいのかなどの政治的・政策的問題など、デジタル文化資源の便利さの中でつい看過されてしまいがちなこれら諸問題の解決は決して容易ではない。物資的な脆弱性があることは確かだが、いったん作られてしまえば、そのまま置いておき、そのままの形で使える文化資源と比べて、デジタル文化資源は、何らかの社会的仕組みによって常に維持管理されている必要がある。そのコスト負担の問題は、いずれ大きな社会的課題になるだろう。

## 3　特徴は活かされているか——デジタル文化資源活用の条件

デジタル文化資源が、旧来のモノに基づく文化資源よりも多くの優位な側面があることは確かである。しかし、我々はその特性を活かしきれているのだろうか。たとえば、電子書籍である。それらはＰＣ、タブレット、スマートフォンなど様々なデバイスに配信・出力され、特定の物理的媒体に収めなければならない制約からは自由になっている。しかし、デジタル文化資源としての特性である、テクストのオープン性、インタラクティブ性、マルチメディア性、改変性などは、大半の電子書籍ではほとんど発揮されていないのが現状である。それでは、その特性を今後活かしていくためには、どのような条件が整えられる必要があるのだろうか。

現代生活を送る我々は今や大量のデジタル情報に取り囲まれ、どの情報を使うかよりも、何を捨てるかの方が大事な判断になっているように見える。しかし、一定の品質の保証があった（もちろん低質なものも少なくなかったが）書籍や新聞と比べて、インターネット情報源やＳＮＳの情報が大量にあったとしても、どれだけの部分が公共的知識として利用できるかとなると、必ずしもはっきりしない。古代からあったにせよ、近年のフェイクニュースの氾濫はインターネット社会なしには考えられない[(4)]。これまでは、出版社や新聞社、大学、図書館などの機関、あるいはその実務を担う編集者、ジャーナリスト、教員・研究者、司書などが担保してきた情報の信頼性や文化資源としての価値に代わる機能がまだ明確になっていないのである。デジタル文化資源のコンテンツとしての質を担保する仕組みの存在は、これからの有用なデジタル文化資源の量の確保にもつながっている。

こうした言わば旧メディアのデジタル化としてデジタル文化資源の質・量両面で確保をしたうえで、新しい特性を発揮した本来のデジタル文化資源が創造されなければならない。そのためには、解決しなければならない幾つかの課題がある。電子書籍を例に考えてみよう。

その一つは技術的課題である。本来の電子書籍の特性として挙げた諸機能を実現することができる要素技術はすでにその大半が出揃っているように見える。問題はその組み合わせ方や見せ方（ＵＩ）、デバイスの仕様である。また、膨大な通信量の確保もここに入れていいだろう。

コンテンツ制作者の確保は、二つ目の重要な課題であり、実はまだ現在でも見通しがほとんど立っていないように思われる。一九八〇年代後半以降の電子書籍の初期開発期、それが電子本、デジタルブック、ebook、など様々な呼ばれ方をされていたときから、新しい電子書籍にふさわしい（とされる）コンテンツが様々な形で試作された。それらはそれなりに興味深いものであったが、最大の問題は、従来の著者や編集者に代わり、誰がそれを作り続けて、持続的に供給できるかということであった。言わば巨匠が手間暇かけて作り上げた芸術的な工芸品ではなく、日常的に使える工業製品の生産ラインをどうやって作るかということだ。

第一・第二の課題にも通じる、第三の、そして最大の問題はコストである。ＶＲやＡＲのソフトウェア・コンテンツに典型的であるが、ある意味コストを無視して試作的に作ることができても、すぐ飽きられ、陳腐化してしまう。それらが使われ続けるためには、従来の書籍と同じようなペースで制作・供給でき、それが料金制であれ、会費制であれ、コストの回収と収益が上がる仕組みがなければ、オープンテクスト性、インタラクティブ性、マルチメディア性、改変性、ネットワーク性などのデジタル文化資源の特性を具現化した「新しい電子書籍」はただの理念型に終わってしまうだろう。

## 第二節　使えるデジタル文化資源へ

デジタル文化資源の特性・優位性を活かすための個別の技術や各種コンテンツがそれなりに揃っているにも関わらず、その可能性を社会全体として利用しきれていないのには様々な理由がある。それを明らかにし、解決の方向性を考えるために、筆者が携わってきた二つのデジタル文化資源活用プロジェクトを紹介し、その課題を抽出することにしたい[(5)]。

### 1　過去の地方紙デジタル化記事の活用

#### (1) 地方紙デジタル化・活用研究の意義

我が国の全国紙のデジタル化は進んでおり、読売新聞、朝日新聞など過去の記事を含めて、オンラインでの検索サービスが各紙別に提供されている。一方地方紙については、地域コミュニティから都道府県レベルまで様々であるが、いわゆる県紙レベルだけを見ても、現在の記事のオンライン提供は普及しているが、その一方で過去の紙面のデジタル化の状況はばらばらであり、日本新聞協会でもその実態は把握していなかった。地方紙の中には明治時代初期から発行されているような、地域の歴史を伝える文化的価値が極めて高いものも少なくなく、劣化しやすい新聞原紙をそのまま放置すれば、地域の大事な文化や情報が失われてしまう恐れがある。実際に近年は欧米諸国を中心に、国家プロジェクトとして古い新聞の保存・デジタル化に取り組む事例も増えている[(6)]。しかしながら、我が国では国の政策としても、あるいは新聞界としても残念ながらそのような動きは認められない。

古い地方紙の歴史的・文化的価値は当然として、デジタル文化資源の活用という観点からも地方紙記事のデジタル化とその活用は興味深いものがある。そもそも従来の紙媒体の文字資料の中でも、新聞記事は本来最もマイクロコンテンツとしての利用にふさわしいものだった。それが紙面構成という物理的制約の中で、関係のない記事同士が並べられ、その価値を十分発揮できなかったのである。新聞原紙を対象とするクリッピング（新聞切抜き）サービスの発展も、その制約を少しでも外そうという試みだった。[7]現代における記事単位でのオンライン検索と利用は、ようやくその頸木から逃れるものとなったが、それに加えて、同じテーマで検索することにより、関連する記事を比較する、特に過去の関連記事を参照する機能が付加されることによって、該当記事単独で提供されるよりも、その社会的文脈が明確になり、付加価値を持つようになった。

こうした過去の関連記事との比較参照だけでなく、原紙のままでは、地方紙が発行されている地域内の人に利用者のほとんどが限定されるのに対して、地方紙のデジタル化利用は、それらが全国規模でネットワーク化されることによって、同じ事象（例えば、ある特定商品の値動きや特定の教育政策）が全国でどのように受け取られ、違った対応がなされているかを比較し、そこから様々な他の事象との関連性も見えてくる。これは全国紙だけを見ていては決してわからないことである。こうした過去の膨大な全国の地方紙記事がデジタル文化資源として利用できるようになれば、一種のビッグデータとしてそこから多様な価値ある情報を引き出すことが可能になるだろう。

## （2）デジタル化調査とそこから見えてくる課題

地方紙のデジタル化利用促進の取り組みの第一歩として、地方紙デジタル化・活用研究会[8]内に設けた調査チーム[9]では日本新聞協会の協力を得て、二〇一七年二月〜四月の期間、全国の県紙レベルの地方新聞社七三社に対してアンケート調査を行い、四七社から回答を得た（回答率六四・四％）。調査項目は、原紙の保存状況、マイクロフィルム化やCD－ROM化等の状況、創刊以来の過去の原紙のデジタルデータ化の進捗と公開度等についてである[10]。デジタルデータ化の進捗状況については、新聞社によってまちまちではあるが、全体として調査チームの想定よりも実は意外に進んでいた。むしろ大きな問題は、せっかくデジタル化したコンテンツが必ずしも一般利用者に公開されていないことだった。社内業務の参考にのみ利用している新聞社は少なくない。

その理由を含めて、この調査結果から推測される地方紙のデジタルデータ化とその活用に向けて解決すべき課題は、大きく以下の四点に整理できる[11]。

① 法制度的・倫理的課題

著作権、肖像権、過去の広告などの法制度的な権利処理問題や個人情報保護はもちろん重要な要因の一つであるが、忘れられる権利や過去の差別表現への対応など、新聞紙の時代はある意味大目に見られていたことが、デジタルデータ化して検索・利用が便利になったために、過去の新聞記事の公開にあたっての倫理上の問題として大きく立ち塞がっている。

② 経済的課題

デジタルデータ化の費用に見合う収益をどう確保するのかが先ず大きな課題であるが、すべての費用を新聞社単独で負担することが難しいとすれば、海外のような公的資金投入に見合う公益性を新聞界としてどう担保するか（公共的知識基盤としての位置づけ）、そもそも読者への課金モデルの採用の適否や課金のためのプラットフォーム作りなど、デジタル化記事提供のビジネスモデルが確立していない。

③ 社会的課題

デジタル化記事作成における新聞社の記者やデスク、あるいは新聞社そのものの役割が紙の制作モデルとは違ってくるのではないか。見出し作成を含めて現場の記者の役割が重要になってくる可能性が高いが、記事の信頼性の担保をどうするか。また利用者側も、どのような場面でデジタル化記事の利用が有効か、まだ共通の社会的イメージができていない。NIE（Newspaper in Education）が対象にしているのは、ニュース（記事）ではなく、ニュースペーパー（新聞紙）であるのは、象徴的だ。

④　技術的課題

OCRの精度はかなり上がっているが、ルビや見出しの区別など、まだ改善の余地はある。また、仮に過去や他紙の記事に広げて何千何万という関連記事が検索されたとき、それらがフラットな併存関係ではなく、何らかの構造化がされていなければ効果的・効率的な利用は難しい。費用面から考えて、それらを人手ではなく自動的に行う、まさにAI手法の開発が必要だろう。

こうした地方紙のデジタル化活用に関わる問題は、そっくりそのままデジタル文化資源一般の活用促進に向けての課題につながっている。

## 2　ビヨンドブック（BB）

### (1)「本を超える」意味

電子書籍の現状については、第四章で詳述した。また、それが本来めざしていたデジタルブックの機能・役割を果たすことなく、書籍のデジタル化に終わってしまった経緯については、第六章で触れている。それでは、デジタル文化資源としての特性を活かしたデジタルブック、否むしろ「デジタル・ノン・ブック」と言ったほうがふさわしいかもしれないが、それはどのような機能をもつのだろうか。そのあり方を検討し、商品化まで視野に入れて発足したのが「ビヨンドブックプロジェクト（Beyond Book Project : BBP）検討会」[12]である（二〇一七年五月～）。ここで言うBookは、書籍と電子書籍の両方を含んでいる。それをどう超える（Beyond）のか、その方向性は明確であった。それが物理形態（本）であれ、電子フォーマット（電子書籍）であれ、パッケージの中に閉じ込められてきた知識や情報を開放し、関連する外部の情報・知識とのネットワーク化を図る一方で、これまで書籍が果たしてきた、一定の信頼性を担保する、テーマ性を持った知識のまとまりを提供できるようにすることである。それは新たな媒体の名称ではなく、新しい知識獲得の方法と言ってもいいだろう。書籍やインターネットの中に埋もれていた知識・情報の断片を取り出して「再編集」することによって、その価値を再発見し、さらに付加価値を与えることが望まれた。テクストのオープン化（ハイパーテクスト化）、マイクロコンテンツ化、インタラクティブ性、マルチメディア化、改変可能性、多言語対応等は、そのために必要な機能要件となる。問題はそれを概念的なレベルに終わらせず、いかに実装化するかにある。

### （2）デジタル文化資源の可能性を拓くＢＢの機能

多様な文化資源の中で、人間の知的活動の核となる情報・知識の保存・利用を長年に渡って保障してきたという意味で、文化資源としての書籍が特別な位置を占めてきたことは確かである。それでは、デジタル文化資源の中で、グーグルやＡＩに任せてしまうという考えをとらないならば、それに代わるものは何か、というのがＢＢを開発しようとする最大の動機であった。逆に、ＢＢの開発が、デジタル文化資源活用に際しての阻害要因を取り除き、その可能性を拡大するのではないかと考えたのである。それをＢＢの情報構造に絞って考えると、大きく以下の三つの要因が関係してくる。

## 1　核となるコンテンツの自動構造化と更新

当然ながらゼロからコンテンツを作り出す必要はない。これまで人類が蓄積してきた信頼性のある情報・知識をBBの核に据えるのが順当だろう。その意味で、従来の書籍、インターネット情報源、既存のデータベースやデジタルアーカイブ、ホームページなど、それに新たに専門家や研究者によって付加される独自コンテンツをネットワーク化した知識ベースを形成することになる。その際の問題は、それらが固定されずにマイクロコンテンツ化され、教科書的に順を追って知識を追うこともできるが、関連する他分野の知識を水平的につなげることも、そしてより専門的な知識・情報を言わば垂直的に獲得していくことも可能な知識の構造化を自動的に行い、外部リンクの付け替えを含めて常に新しい知識・情報を自動的に付加する、または置き換える機能が求められることだ。その一方で、核となるコンテンツのクリエイター（著者等）やエディターによる、コンテンツの品質に関する保証が、最終的には必要となるかもしれない。

## 2　「読む」機能の拡充

テクストの文字を読むことだけがBBの機能ではない。関連する写真、動画、音楽・音声などを「聞く」「見る」ことも、国内外の情報源とのリンク機能を通じて、辞書・事典、専門家、関連組織、関連商品、関連イベント、最新ニュースなどを「参照する」「話す」「注文する」「申し込む」ことも可能にならなければならない。しかもそこから得られた情報を「蓄積し」、自分なりに「編集する」ことによって、個人的なデジタルアーカイブが生成され、同じテーマに関心のある他の利用者との「コミュニケーション」を可能にするだろう。

## 3　利用の態様

知りたい情報を利用者の知識のレベルに応じてピンポイントで得るだけではなく、むしろそこから関連する情報・知識、人物、組織、商品、イベント等に関心を拡げていくきっかけになることが重要だ。コンテンツのクリエイターや専門家への質問・意見交換を可能にし、自分で作ったデジタルアーカイブを活用することによって、利用者自身がクリエイターとしてコンテンツを提供することにもつながるだろう。

これらの要因を満たすためには、法制度的・倫理的、社会的、技術的、経済的・制度的な様々な課題の解決が必要になるが、それが今後のデジタル文化資源活用の推進力となるのである。その解決の方向性については、第八章で改めて論じることにしたい。

注

（1）一般社団法人記録映画保存センター
http://kirokueiga-hozon.jp/images/hozon/pdf/hokoku-1.pdf（2018/09/24）。

（2）もちろん、最初からデジタル文化資源そのもの（ボーンデジタル）を対象とするデジタルアーカイブが今後は主流となっていくだろう。

（3）https://en.wikipedia.org/wiki/International_Image_Interoperability_Framework（2018/9/24）

（４）https://en.wikipedia.org/wiki/Fake_news（2018/10/8）

（５）いずれも筆者が属する東京大学大学院情報学環ＤＮＰ学術電子コンテンツ研究寄付講座の研究プロジェクトとして取り組んでいるものである。（二〇一九年一月現在）

（６）時実象一「米国・オーストラリアにおける新聞記事デジタル・アーカイブ――全米新聞デジタル化プログラム（National Digital Newspaper Program: NDNP）と Australian Newspapers Online: Trove」『情報の科学と技術』第六七巻第四号、二〇一七年四月、二〇六―二一〇頁、及び「欧州における新聞デジタル・アーカイブ」『情報の科学と技術』第六七巻第一号、二〇一七年一月、三四―三七頁、参照。

（７）国立国会図書館には、かつて「新聞切抜閲覧室」が設置されていた。国立国会図書館五十年史編纂委員会編『国立国会図書館五十年史』国立国会図書館、一九九九―二〇〇一年、二七九頁。

（８）構成メンバーは、筆者（座長）を含め、植村八潮（専修大学）、柴野京子（上智大学）、数藤雅彦（弁護士）、松岡資明（元日本経済新聞社）、宮本聖二（立教大学）、時実象一・丹羽美之・東由美子・平野桃子・美馬秀樹・渡邉英徳（東京大学）の各氏。事務局はＤＮＰ寄付講座。（二〇一八年一月時点）

（９）柳与志夫・時実象一・東由美子・平野桃子の四名（いずれも東京大学大学院情報学環ＤＮＰ学術電子コンテンツ研究寄付講座所属）で構成した。

（10）調査結果の詳細については、以下を参照。東由美子・時実象一・平野桃子・柳与志夫「我が国における地方紙のデジタル化状況に関する調査報告」『デジタルアーカイブ学会誌』第三巻第一号、二〇一九年一月、三五―四〇頁。

（11）平野桃子・柳与志夫・東由美子・数藤雅彦「我が国における地方紙のデジタル化と活用の促進に向けた課題抽出――法制度的・倫理的、社会的、技術的、経済的・制度的な課題について」『デジタルアーカイブ学会誌』第三巻第二号、二〇一九年三月、一一五―一一八頁。

（12）検討会のメンバーは、筆者を座長とし、蛯名結花（辰巳出版）、大向一輝（国立情報学研究所）、倉田卓史（講談社）、草野剛（草野剛デザイン事務所）、木村尚貴（朝日新聞社）、佐藤美佳（メディアドゥ）、島裕（日本経済研究所）、谷川智洋（東京大学）、玉置泰紀（KADOKAWA）、中澤俊明（東京大学）、長丁光則（東京大学）、廣瀬哲一郎（辰巳出版）、藤澤太郎（ヤフー）、前田俊秀（三修社）の各氏。事務局はＤＮＰ寄付講座。（二〇一八年一月時点）ＢＢのプロダクトデザイン制作に向けて検討を続けている。

# 第Ⅱ部　電子書籍／電子図書館からデジタルアーカイブへ

# 第Ⅱ部　まえがき

第Ⅱ部は、電子書籍と電子図書館に関する論考三点を収録し、デジタルアーカイブ（論）がどのような理論的水脈と現実の経済社会的活動のせめぎあいの中から生まれてきたかを明らかにしようとしている。

第四章は、出版界や政府の具体的対応を追いながら、電子書籍の概念と実態がどのように変わってきたかを論じたものである。当初想定されていたデジタルブックの在り方やデジタルアーカイブへの連続性という観点からは否定的な記述になっているが、現在の電子書籍そのものの発展の可能性を否定するものではない。

第五章は、その電子書籍が我が国の公共図書館にどのように受け止められ、そして受け入れ難かったかを論じながら、その二つの要素がデジタルアーカイブになぜつながっていかなかったかを示すことで、むしろデジタルアーカイブの特性を示すことができたように思う。主に文献上の裏付けを担当してくれた松永しのぶ氏との共著である。

第六章は、デジタルアーカイブの理論的水脈と拠って立つところを明らかにしようとしたものである。我が国における「ディジタルライブラリー」※論の祖と見なされる長尾先生の著書『電子図書館』については、実はこれまで本格的に論じられたことはなかったように思われる。今回改めて読み直すことで、知の普遍主義とも言うべき系譜の中で、デジタルライブラリーからデジタルアーカイブにつながっていく理論的道筋を明らかにするとともに、バーゾールの『電子図書館の神話』を対照することで、社会的装置としてのデジタルアーカイブの側面についても考慮することができた。

※　長尾真氏の表記による。

# 第四章　我が国の電子書籍流通における出版界の動向と政府の役割

## ——現状と今後の課題

### はじめに——電子書籍時代の到来

二〇一〇年（平成二二年）は、日本では電子書籍元年と言われ、それまでにも様々な形で行われていた電子出版事業が、出版界のひとつの潮流として社会的に認知された年であった。そこには、日本の出版関係者による内発的活動に合わせて、アマゾン社、グーグル社、アップル社など、主に米国企業による電子書籍関連事業の国際展開に触発された、いわば「黒船来航」的側面があったことは確かである。多くの識者・出版関係者が認めるように、当分の間は従来の紙の出版物が出版流通の中心を占めることは間違いないが、その一方で、将来の出版界・読書世界の発展にとって、電子書籍への取組みは、避けて通ることのできない、そして緊急性を要する重要課題となっている。

活字情報から電子情報への移行は、すでに学術情報の世界ではかなり以前から現出している。図書館の蔵書を、目録だけでなく、本文も含めてデジタル化し、図書館へ来なくても自宅で本の内容を見ることができるようにしようという考え方は古くからあるが、エルゼビア社などの学術出版社が進めた電子ジャーナル化は世界的に普及し、今や大学図書館の「蔵書」は、所蔵ではなく、契約によってアクセスが保障される電子ジャーナルのタイトル数に大きく依存するようになっている(1)。大学における教育も研究も、電子情報なしでは成立しないのが現状である。こうした状況が、いよいよ一般社会にも波及しようとしているのである。

出版産業は、業界全体でも総売上高約三兆円(2)（二〇一〇年）、一社単独で二〇一〇年度売上高（連結）が約一八兆円のトヨタ自動車(3)の五分の一以下という産業規模でありながら、人々の経済・社会生活の基盤を成す知識・情報の生産・流通や言論の自由を支えるという特殊な立場によって、これまで経済規模を超えた社会的存在感を示してきた。その意味で、現在の出版流通制度に大きな変革を促す電子書籍化の進展は、単に出版界や学術世界の範囲にとどまらず、今後の社会生活や経済活動に大きな影響を与えることになるだろう。世界の主要国が電子書籍流通の発展や図書館蔵書の電子化に大きな関心を寄せ、文化政策・産業政策の観点から、予算措置や制度整備などに重点的に取り組んでいることも、その意味で当然の対応と考えられる。

本章は、日本の電子書籍をめぐる出版界の状況と、今後の進展において一定の役割を期待される政府の施策について、その現状と課題を明らかにすることを目的とする。

なお、「電子書籍」という用語は、厳密に定義されたものではなく、従来の図書形式に相当するが、電子情報としてのみ流通する出版物、本とほぼ同じ内容の電子形態で同時に発行される出版物、過去に本として出版されたものをデジタル化した出版物など、論者や文脈によって、その適用対象は様々である。また従来の図書と雑誌の区別の類比で、電子書籍と電子雑誌を分ける場合もあれば、それらをひっくるめて電子書籍と称する場合もある。本章では、特に区別が必要な場合を除いて、従来の商業出版物の延長上に対象を広範囲に捉えた、以下の村瀬拓男弁護士による定義に依ることとしたい[4]。

電子書籍の定義
「何らかの編集行為が介在し、出版物として有償の流通を想定して作られた電子的著作物[5]」

また、このような定義にあてはまる用語として「電子本」や「電子出版物」も使われてきたが、本章では「電子書籍」で統一する。

## 第一節　出版界をめぐる諸状況

### 1　グーグル騒動の意味と影響

近年の米国企業による電子書籍流通普及に向けての動きは急である。アマゾン社、アップル社、バーンズ&ノーブル社などによる電子書籍端末の相次ぐ発売、出版物デジタル化への出版社の急速な対応、アマゾン社など電子書籍販売サイトの開設・拡充、グーグル社による膨大な出版コンテンツ集積と検索システムの開発向上など、端末、コンテンツ、流通・販売、検索など電子書籍流通を促進するためのあらゆる局面で攻勢に出ている。日本でもそれぞれの分野、例えば電子書籍端末の機能性において米国製端末に大きく劣るわけではない[6]。米国の特徴と強みは、それらの諸要素を連繫・統合した電子書籍流通の世界的プラットフォームを作ろうとするところにあるように思われる。

世界の電子書籍シーンを主導するアップル社、アマゾン社、グーグル社に共通するのは、個別のハードウェア、ソフトウェア、サービスの開発ではなく、膨大なコンテンツを集め、自前のプラットフォームで販売していくシステムを作ることに目標を置いていることにあり[(7)]、「プラットフォームを握ったものが今後の電子書籍分野をリードすることになる[(8)]」との思いがその背景にあるとされる。その共通の目的の範囲で、アップル社はモノを売る分野、グーグル社は世界一の検索エンジンの提供分野に力点や強みがあると考えるのが妥当であろう[(9)]。

そして、それら三社の中でも、「グーグル和解問題」という形で、電子書籍化への取組みが単なる出版産業政策や文化政策にとどまらず、国のソフトパワーを左右する重要な国家的課題であることを、日本ばかりでなく世界中の国々に認識させたグーグル社の動きを追うことは、日本における電子書籍問題に与える国際的な影響要因を考えるうえでの参考になるだろう。

グーグル社が、図書館プロジェクトの名称で、米国内の大学図書館蔵書のデジタル化に取り組み始めたのが二〇〇四年である。財政難にありながら蔵書デジタル化の課題に直面していた大学図書館にとって、グーグル社の費用負担によってその問題が解決することは悪い話ではなかった。その証拠に、グーグル社とデジタル化契約する図書館は米国を超えて世界中に広がり、日本でも慶應義塾大学がその提案に応じて一二万冊の蔵書デジタル化に応じた[(10)]。グーグル社にとっては、全文検索の対象となる、世界中の名だたる図書館の蔵書という「質の保証された」巨大コンテンツの集積を行い、図書館側も自前では不可能だった蔵書のデジタル化が可能になるという、ウィン・ウィン関係を作り上げたのである。工場と言えるような書籍デジタル化作業場を各地に設置し、大変な勢いでデジタル化を進めるグーグル社にとって、世界中の情報・知識をデジタル化し、人々が利用できるようにするという社是の実現に一歩近づいたように見えた。

しかし、事前の著作権許諾なく図書をデジタル化し、問題が起きればその対象となったデジタル化書籍を除去することで解決するというかなり手荒な方法（オプトアウト方式）は、著者や出版社の反発を招き、米国作家協会と全米出版社協会による著作権侵害訴訟に発展した。いわゆるグーグルブック検索訴訟である。[11] 同訴訟は、二〇〇八年一〇月に和解案が、二〇〇九年一一月に修正和解案が成立した。最初の和解案に基づいて行われた日本を含む世界各国への法定通知（二〇〇九年二月）によって、米国特有の集団代表訴訟の影響を受けた日本の著作権者にも和解案の効力が及ぶことが明らかになり、自らの著作が無断でデジタル化され、それに対する対応を一方的に期限付きで求められることになった大半の日本の著者や出版社に大きな不安をかき立てた。その後の修正和解案では、日本の著作権者は和解の対象から外れ、騒ぎは沈静化することになったが、[12] この「グーグルショック」は、日本の出版界・学術界にとどまらず、政府に対しても、このまま放置しておけば、国内の電子書籍流通がグーグル社を始めとする米国企業に独占されてしまうのではないかという危惧を生じさせ、電子書籍への取組みが国として喫緊の課題となっていることを実感させたという意味では、大きな意義があったと言えよう。[13] 実際にそれを受けて、日本における電子書籍の制作・流通の本格化に向けての様々な動きが顕在化してくるのである（第二節・第三節参照）。

また、この図書館プロジェクトと並行して、グーグル社は、出版社と協定して電子書籍化を促進し、様々な形式での検索表示を可能にするパートナープログラムを発足させた。[14]

世界規模の電子書籍プラットフォーム提供とそれを通じての膨大なコンテンツ流通を重要な経営戦略目標に置くグーグル社であるが、図書館プロジェクトやパートナープログラムを見てもわかるように、その特徴として

「グーグル自体のコンテンツは一切作らず、コンテンツを見つけ、あるいは制作するためのツールを提供する」[15]ことに徹し、「検索の王であり続ける」[16]ことに自社の優位性を見出している。

このように、コンテンツ制作には手を出さず、情報・コンテンツの流通経路を整備し、Ｗｅｂ上の場（スペース）を作ることに[17]経営資源を集中するネットワーク・プラットフォームづくりの戦略は米国ネット企業に共通しており、世界的なコンテンツ流通に対するその支配力は強まっている。[18]その一方で、旧来のマスメディアやコンテンツ企業の衰退が米国では顕著になっており、[19]ＩＣＴ産業においてプラットフォーム・レイヤーを握る企業の優位は明らかである。このような状況を「ネット帝国主義」と名付けた岸博幸慶應義塾大学教授は、ネット利用の便利さだけでなく、社会システムの安定や国益の観点を考えた対応が必要だと指摘しており、[20]実際に世界各国で政府主導の世界的ネット企業への対抗策がとられ始めている。

その典型がフランスである。ジャンヌネー前国立図書館長によるグーグル対抗宣言、[21]約一千億円の予算措置を伴う書籍デジタル化政策の大統領表明[22]（二〇〇九年）、電子書籍の価格決定権を出版社に付与するための法律制定[23]（二〇一一年）、絶版書籍の電子的利用を可能にするための法律制定[24]（二〇一二年）など、書籍のデジタル化、出版社保護等に関わる施策を矢継ぎ早に打ち出している。ＥＵ全体としての対応策と位置付けられるEuropeana[25]を始めとして、グーグルを意識した各国の文化・情報政策への取り組み強化は明確であり、そこには一国の文化的基盤を一企業に左右されることがあってはならないという共通の認識があるように思われる。

## 2　日本の出版界の状況

日本の電子書籍をめぐる諸要因を検討するにあたって、その前提となる日本の出版界の構造・特徴と現状を簡単に見ておきたい。

日本は、出版点数や書店数（人口比）が多く[26]、全国的な流通ネットワークが整備されている点で、世界に冠たる出版大国と言っていいだろう。毎週発行される週刊誌が全国どこにいても同じ発売日に、同じ価格で入手できる仕組みは、日本にいれば当然でも、世界的には驚異的なシステムであり、それを支えているのが日本の出版産業である。

出版産業は、文化情報産業、情報メディア産業、知識産業等に分類される性格を持ち、大きく出版業（編集・制作）、出版関連産業（印刷、製本、用紙など）、取次業、小売業（書店、古書店など）の四つの業種から成る[27]。電子書籍の時代になって、読書端末等の電機産業やネットワーク関連のＩＣＴ産業など、関連する業種は広がっている。「はじめに」で述べたように、出版産業が他の産業と大きく異なるのは、その背後に、コンテンツの素材（著作物）を提供する、膨大な数の作家、研究者、ジャーナリスト、漫画家、ライターなどの著作者を抱えていて、日本のあらゆる産業活動や社会生活の知識基盤を支えていることであろう。

日本の出版産業は、出版社、取次、書店がそれぞれ明確に役割分担され、それが有機的につながった水平分業体制をとっていることに特徴があると言われる[28]。一方、近年の電子書籍を扱うグーグル社やアマゾン社などのネット企業は、プラットフォームを基軸に、その上下にコンテンツ・インフラ・端末の四層のレイヤーを統合した垂直統合体制をとっている[29]。モノとしての書籍については編集・制作と物流が明確に分れる前者の体制が合理的であるが、制作から提供までをシームレスに行える（あるいはそうした方がはるかに効率的な）デジタル情報（電子書籍）の時代にあっては、そのような水平分業体制を今後も維持することに困難が生じるのは確かであろう。

出版社の業種としての特色は、小規模事業者が圧倒的に多いことであり、新刊発行点数年間一〇点以下の出版社が全体の約四分の三を占め、年間五〇〇点以上を発行する大手と言える出版社はわずか一五社である[30]（二〇〇八年）。出版社の数と多様性が、出版物の多様性や言論の自由を保障している部分があることは否定できない。

その一方で、取次の方は、事業者数が極端に少なく、ほぼ大手二社の寡占状況にある。その取次が、新刊委託販売制度（以下「委託販売」と略）と再販売価格維持制度[31]（以下「再販制度」と略）の上に、出版社と書店を仲介した物流だけでなく、出版社と書店に対する金融機能も果たしていることも日本の書籍流通の大きな特色である[32]。

もうひとつ、あまりに当然のこととして見逃されている日本の出版産業の特徴がある。それは出版物の大半が日本語で書かれており、ほとんど国内市場だけを相手にしているということである[33]。その点は、最初から国際市場をターゲットにしているグーグル社やアマゾン社との大きな違いであり、出版界としても出版物の海外輸出は長年の課題であるが、大きな成果は上がっていない。二〇一〇年の著作権使用料の海外貿易赤字が五六〇〇億円に達し、ＴＰＰ（環太平洋経済連携協定）協議においても、米国の重要戦略目標のひとつに著作権を含む知的財産分野での利益拡大があるとされ[34]、グーグル和解の対象から日本語書籍が除外されたからと言って、いつまでも無関係のままでいられるかどうかは予断を許さない。

なお、日本の出版産業の当時の状況（二〇一〇年）を統計でみると表4‐1、表4‐2のとおりである。

近年の出版界の話題は「出版不況」である。確かに二〇〇〇年代当初（二〇〇一年〜二〇一〇年）の実売額を見ると、毎年前年よりも売上金額が下回る見事な右肩下がり（二兆三四〇二億円から一兆九二八六億円へ）の状態が続いている[35]。その中でも、微減傾向の書籍に比して、広告出稿料によって出版社全体の利益を支えてきた雑誌、特にマンガ雑誌の販売部数減、つまり販売金額減が目立っており、雑誌というメディア自体が消費者・読者のニーズに合わなくなってきているのではないかとの疑念を生じさせている[36]。そして、その背景としての「若者の読書離

表４−１　出版社関係

| 出版社数 | 発行金額 | 実売金額 | （うち電子書籍） | 雑誌広告収入 |
|---|---|---|---|---|
| 3815社 | 2兆9802億円 | 1兆9286億円 | （650億円） | 2733億円 |

（出典）電通総研編　前掲書、pp. 49-50. を基に筆者作成

表４−２　流通関係

| 取次協会会員社数 | 全国書店数 | 書店販売額 | コンビニ販売額 |
|---|---|---|---|
| 29社 | 17363店 | 1兆4017億円 | 2860億円 |

（出典）電通総研編　前掲書、p. 49. を基に筆者作成

れ」が出版関係者やマスメディアによって指摘されることも少なくない。実際に、例えば紙の新聞を読む人の率は確実に下がっている(37)。しかし、読書世論調査等諸調査を分析すると、それは読書形態の変化に過ぎず、むしろ若者の読書率、特に小中高生の読書率は高まっており、中高年齢層の読書離れの方が問題であるとコラムニストの永江朗は指摘している(38)。

出版不況の真の原因が何であるかは別としても、売上高のじり貧状態や出版点数の増加に反比例するかのような返品率の高まり(39)、これまでの出版界を支えてきた委託販売や再販制度などの制度疲労など、日本の出版産業が転換期にあることは間違いないようである(40)。グーグルショックは、それを黒船来航という形で象徴的に表したに過ぎなかったと言えよう。こうした「暗い」出版状況の中で、明るい希望のひとつが電子書籍であった。

## 第二節　出版界の対応

### １　電子書籍に関わる経緯と問題点

グーグルショックに対応する出版界の動きを見る前に、それまでの日

本の電子書籍の歴史とそこに認められるいくつかの課題について振り返ってみたい。

ジャーナリズムやネット世界では、従来の書籍、雑誌等出版物による既得権益を守ることに汲々としているというイメージが強い日本の出版社であるが、実際には電子書籍（当時は電子出版という言い方の方が一般的）[41]への取組みは早かった。

専修大学の植村八潮教授によれば、日本の電子出版の歴史は、黎明期（一九六四～七八年）、ニューメディア期（一九八五～九〇年）、マルチメディア期（一九九一～九四年）、インターネット期（一九九五～九九年）、モバイル・ユビキタス期（二〇〇〇年～）の五期に分けられるが[42]、一般的には、日本初のCD‐ROM出版『最新科学技術用語辞典』（三修社）が電子出版物の嚆矢とされる（一九八五年）。その意味では、日本の電子出版はすでに四半世紀以上の歴史をもつのである。

その後電子辞書市場は拡大を続け、CD‐ROMをパソコンで読み取るのではなく、辞書内蔵の専用端末へと利用形態は変化した。そして、この時すでに出版社にとって現在にも続く大きな問題が顕在化していたことに注目する必要がある。それは、電子辞書の普及によって書籍形態の辞書の販売部数が大きく落ち込む一方で、専用端末の製造・販売会社は儲かっても、そこに辞書コンテンツを提供している出版社には、次の辞書コンテンツを作っていけるだけのライセンス収入が得られなかったことである[43]。この電子書籍（出版コンテンツ）の価格づけの問題は、現在まで解決できていない重要な課題のひとつである。

一九九五年の株式会社パピルスによる電子書籍配信事業が、電子書籍の歴史の大きな転機であったことは多くの識者の認めるところである[44]。それ以降、著作権切れの文学作品等をネット上無料で閲覧できる青空文庫の開始（一九九七年）、電子書籍コンソーシアムの結成（メーカー、通信会社、出版社など一五六社の参加、一九九八年）と通商産業省の補助金による電子書籍配信実証実験（一九九九年）、電子文庫出版社会設立と電子文庫パブリの立ち上げ（二〇〇〇年）が続く。

こうした動きが、どちらかと言えば出版社主導であったとすれば、二〇〇四年のリブリエやシグマブックなど電子書籍専用端末の発売ブームでは、ソニーなどの電機産業が主導的役割を果たしたが、出版社との連携が不十分であったため、わずかなタイトル（二、三万点）しか提供できず、またアマゾン社の Kindle のような通信機能も持たなかったため、端末も普及しないままであった(45)。

そしてもうひとつの動きとして、現在の電子書籍市場において大きな位置を占める、ケータイによる配信サービスの元祖とも言えるサイト「新潮ケータイ文庫」（二〇〇二年）や「魔法の図書館」（二〇〇六年）の開設も記憶にとどめておく必要があるだろう。

本章執筆当時の日本の電子書籍市場は六五〇億円あり（二〇一〇年、表4－1参照。因みに二〇一八年度は二八二六億円に拡大）、同年の米国市場の売上高約八億七八〇〇万ドル(46)（約七〇〇億円）と肩を並べている。しかし、一般書籍の電子版など従来の印刷本市場と重なる、普通の電子書籍が売れている米国と比べて、日本の電子書籍は、ケータイ配信が中心となっており、内容もその大半（八割以上）がコミック、それ以外もＢＬ（ボーイズラブ）、ＴＬ（ティーンズラブ）など、利用者層が限定された「ニッチ市場」を形成しており(47)、このままの路線では今後の市場拡大の見込みは厳しいと言わざるを得ない。編集者としての長い経験を持つ山田順は、日本の電子書籍市場の特殊性として以下の四点を挙げている(48)。

①　ケータイが中心

②　コンテンツはコミックが中心

③　コミックはアダルト系中心

④　本を読んでいない人が読む。

こうした特徴は、山田が挙げている以下の電子書籍の利便性[49]にある意味極めて適合しているが、逆に適合しすぎているために、日本市場に対してよく指摘される「ガラパゴス化」の危険性と隣合わせとも言えよう。

- 二四時間いつでも買えて、すぐに読める。
- 置き場所に困らない。
- 年月を経ても劣化しない。
- ＰＣや端末に保存して、何百、何千冊も持ち歩ける。
- 検索ができる。
- 他人に知られずに購入できる。
- （いまのところ）紙の書籍より値段が安い。

このような状況に対して、出版社としては以下のような理由[50]から、電子書籍の拡大に本格的に力を注ぐこと（投資の拡大、要員の投入等）にこれまでは及び腰であったように思われる。

①　これまで再販制度などで守られてきた日本の書籍の流通制度の崩壊が進む[51]。

②　出版社は書籍の価格決定力を失う。

③　著者が著作権法（昭和45年法律第48号）に基づいて独自に電子出版（セルフパブリッシング）するようにな

る。

第一の問題については、第一節2で述べたように、電子書籍の問題とは関わりなく、委託販売や再販制度の上に成り立ってきた日本の出版流通体制に制度疲労が生じていること、第三の問題は、実際に小説家の村上龍などが自著の電子出版に乗り出したが、それが可能な著作者は極めて限られ、村上龍もそれを継続するために、本来のセルフパブリッシングではなく、新しい出版社を設立したこと[52]、を考えると、初期の電子辞書での失敗や「現状の電子出版でビジネスになるのは、ＩＴ側だけ[53]」の言葉を待つまでもなく、やはり第二の価格（収益性の確保）の問題が最も深刻な課題と言っていいだろう。まだ紙の本の電子版という形で電子書籍が出版されることが主流となっている現状で、「同じ」コンテンツの本と電子版との価格差をどうつけるか、そもそも電子書籍の価格づけの主導権は著者や出版社にあるのか販売サイト側にあるのか、ネットで流れるものは無料または廉価であることが常識と考える読者に納得してもらえる価格がつけられるのかなど、価格に関する問題は山積している[54]。

## 2　出版界と関連業界の新たな動き

四半世紀にわたって様々な形で電子書籍に取り組んできた出版産業および関連産業であるが、グーグル和解案が日本に通知された二〇〇九年の段階では、電子書籍売上げ五七〇億円余は出版物全体一兆九千億円の三％にも満たず、とても市場が「離陸」している状況とは言えなかった。グーグルの衝撃は、Kindle、Nook、iPad など外資系読書端末の相次ぐ発売と相まって、このままの状態では、電子書籍だけでなく、日本の出版市場そのものがグーグル社、アマゾン社などの米国企業に席巻されてしまうのではないかとの危機感を広く出版関係者に共有させたことは確かだったようである。さらにもうひとつ、好意的あるいは反発的であれ、出版界に大きな影響を与えたのが、長尾真国立国会図書館長（当時）のいわゆる「長尾構想」であった(55)。これを機に（もっと以前から準備はされていたとしても）、電子書籍市場の浮揚を図るための様々な動きが出版界で顕在化してくる。それが明確になったのが翌二〇一〇年の「電子書籍元年」であった(56)。

先ず一月には日本雑誌協会が、総務省の補助金を得て雑誌デジタル配信の実証実験を開始する。二月には、前述の電子文庫出版社会を核として、主要な出版社を網羅し、電子書籍市場拡大を目的とする「社団法人日本電子書籍出版社協会（以下、「電書協」と略）」が設立され、日本で初めて本格的な電子書籍関係の業界団体が生まれた。ソニー・凸版印刷・ＫＤＤＩ・朝日新聞という異業種四社が合同で電子書籍配信サイトの設立を発表（五月）、従来の水平分業型ではなく、米国のような、コンテンツ・フォーマット・インフラ・端末というネットワークレイヤーを連携させた垂直統合型の電子出版ビジネスをめざすように思われた。

iPad の発売が五月、六月には専門書・実用書関係の出版社十四社が集まる「電子書籍を考える出版社の会」が発足する一方、出版業以外の電子書籍流通のプラットフォームを構成する印刷、通信、情報システム、取次等関連産業各社から成る「電子出版制作・流通協議会（以下、「電流協」と略）」が設立される。さらに、「デジタル教科書教材協議会」が成立したのが七月、大日本印刷とＮＴＴドコモが電子書籍配信事業で業務提携をすることで合意したと発表したのは八月である。

日中の電子コンテンツ流通・販売の業務提携を丸善と方正で発表したのが九月、前述の村上龍の電子書籍制作・販売会社 G2010 設立が十一月と続き、その後の電子出版事業の展開に関わる諸要素は出尽くした感がある。こうした民間レベルの動きに第三節で取り上げる政府の動きが絡み、その意味では、二〇一〇年は確かに電子書籍元年だったと言っていいだろう。問題は、このように様々な形で出てきた電子書籍促進の芽が、二〇一一年以降、順調に伸びていったかどうかである。

電書協、電流協というまとまり方からもわかるように、日本の電子書籍市場の特徴は、基本的には「水平分業型」でのビジネスモデルが志向されていることで、グーグル社等の垂直統合型とは対照的とされる[57]。そして、仮に日本が従来の出版市場と同様に、電子書籍市場においても水平分業の体制をとろうとするなら、コンテンツをもつ電書協とインフラを構成する電流協を取り持つ「電子取次」機能が必要になってくるだろう。コンテンツが不足する一方で、サービスや端末が乱立し、「普及速度は遅く、各社苦戦を強いられている[58]」状況に変化を与えようとしたのが、二〇一二年四月の株式会社出版デジタル機構の設立であった。

## 第三節　政府の対応

### 1　これまでの出版関連行政

日本の出版行政の特徴は出版行政がないこと、と言えるほど、従来は、出版業を規制したり、逆に振興するための特別の施策はなかったように思われる。広く出版産業と捉えた場合には、取次・書店を含めた「出版流通合理化構想」に関して通商産業省（現経済産業省）が積極的に関わろうとしたこともあるが、出版界、特に出版業の大多数を占める中小出版社の激しい反対運動にあい、改革の意欲も冷めてしまったように思われる[59]。また、電子書籍関係では、一九九九年の電子書籍コンソーシアムの実証実験に対する資金提供があり、これが成功していれば、その後の積極的関与もあったかもしれないが、実験の失敗でその意欲もしぼんでしまった(60)。

　こうした出版業界と行政の関係の希薄さを象徴することに、出版業には、いわゆる「業法(61)」がないことが挙げられよう。こうした行政との「距離感」は、戦前に言論弾圧の手段として使われた出版法（明治二六年法律第一五号）への反省、言論・表現の自由の手段としての出版・出版社の役割への配慮という側面も当然あるが、出版業の「産業」としての位置づけ(62)、産業政策的施策立案の難しさ(63)など、様々な要因が影響しているように思われる。しかし、このような傾向が世界で一般的というわけではなく、例えば中国では、所管官庁である国家新聞出版総署（現国家新聞出版広電総局）が「報道・出版業発展の一層の推進に関するガイドライン」を発表し、出版業への文化関連産業の参入奨励や、国内出版業による海外投資・会社設立支援策を明らかにしている(64)。また、経済産業省でまとめた主要国のコンテンツ政策比較においても、英国では、新聞、書籍、雑誌、電子出版が「クリエイティブ輸出グループ」に分類され、クリエイティブ産業振興政策上の位置づけが与えられているのに対して、日本のコンテンツ政策としては、「我が国では、文化庁、関係団体等を中心に、主に文化振興の観点から映画等のコンテンツ振興施策が行われている」と映画関係の記述があるだけで、出版関係の記述はない(65)。少なくとも日本では、主要国に比べて取組みが遅れがちだったコンテンツビジネス政策の中で、出版コンテンツ振興に焦点をあてた政策が立案されたことがほとんどなかったのは確かなようである(66)。

　一方、文化政策の文脈でも、文化産業的観点はもちろん、文化政策としての出版政策がこれまで文化庁にあったとは言い難い(67)。ひとつだけ例外があり、それが著作権法に関わる分野であるが、出版の振興という観点よりも、その適用や解釈に関わる調整的側面が強いようである。その意味では、再販制度の適用に関して、公正取引委員会が出版産業との関わりを持っている。

このように出版産業政策が、経済産業政策と文化政策の谷間に入ってしまったように見える（おそらく主要な）原因のひとつとして、米国を除く主要国のほとんどに産業政策も所管する文化省（フランスは文化・コミュニケーション省、英国は文化・メディア・スポーツ省、中国は文化部、韓国では文化観光部など、名称はいずれも二〇一〇年当時）が設置されていることを勘案すると、文化産業政策と文化政策が、経済産業省と文化庁に分かれている日本の行政組織の編成が関係しているように思われる。

さらに、諸外国ではこうした行政組織の下で、出版コンテンツを含めた文化情報資源全体を、国のソフトパワーを高める重要なコンテンツ戦略資源と位置づけて政策立案を行なっており[68]、「クール・ジャパン[69]」の名の下にアニメ、マンガ、ゲーム等にコンテンツ戦略を限定しがちな日本とは大きな違いが生じている。

そのような中で、出版産業振興の基盤となる読書活動振興については、国会議員主導の活動が、幾つかの立法化・施策を生み出し、実際に小中高生の読書率上昇という成果を上げている。具体的には、子どもの読書活動推進法（平成一三年法律第一五一号）と文字活字文化振興法（平成一七年法律第九一号）の制定、学校図書館図書整備五か年計画・学校司書の配置に対する地方交付税措置[70]などである。

## 2　グーグルショック以降の対応

グーグル社の問題は、必ずしも積極的とは言えなかったこれまでの出版行政に、やはり大きな刺激を与えたことは確かである。先ず反応をしたのは経済産業省であった。

同省では、出版、図書館、印刷、書店、ＩＴ関係等の関係者を集めた「出版市場のデジタル化に係る委員会」（座長：松田政行弁護士）を二〇〇九年十二月に設置し、二〇一〇年三月までの間に三回の会合を開き、報告書をまとめた[71]。その中で、検討委員会発足の背景として、Kindleの発売とグーグルブック検索訴訟が明示的に挙げられており、「電子化が遅れている書籍」に対して、国内における電子書籍流通を活性化させるための課題と方策を検討することを目的としていた[72]。同検討委員会では、日本の電子書籍流通に関わる問題点や解決の方向性が議論され、海外の動向調査なども同時に行われたが、報告書の発行時期が遅れたこと[73]、その背景として座長の松田弁護士と経済産業省との間で意見の不一致があり[74]、報告書の内容をまとめるのに手間取ったことがあり、その論議が出版業界・関連産業等に直接大きな影響を与えることはなかったが、行政を含め関係者の電子書籍問題への関心を喚起したことは確かである。

このような電子書籍をめぐる困難な状況の認識は、業界や行政にとどまらなかった。中川正春文部科学副大臣（当時）は、新聞のインタビューの中で、米グーグル社による世界中の書籍をデジタル化する動きなどを受けて、「このままでは書籍デジタル化の潮流に日本が乗り遅れるという危機感を抱いた」とし、国立国会図書館蔵書のデジタル化・電子納本制度確立、著作権使用料の徴収・配分機関の設置、出版社権利の保障などについて言及して、書籍のデジタル化と流通促進の必要性について積極的な姿勢を示した[75]。その中川副大臣と、総務省内藤正光副大臣、経済産業省近藤洋介大臣政務官による政務主導の形で二〇一〇年三月に設置したのが、「デジタル・ネットワーク社会における出版物の利活用の推進に関する懇談会[76]（以下、「三省デジ懇」と略）」であり、まさに政治主導によってできた、行政的には異例の会議体であった。

懇談会メンバーとしては、権利者（作家等）、出版社、新聞社、印刷会社、書店、通信事業者、電機会社に有識者が加わり、事務局を総務省・文部科学省（文化庁）・経済産業省の三省で担うという、電子書籍の制作・流通に関わる関係者を網羅していた。検討内容としては、電子書籍に関わる、①収集・保存の在り方、②円滑な利活用の在り方、③アクセス環境の整備、の三点が掲げられた。その検討結果は、六月に懇談会報告[77]としてまとめられたが、その内容を一言で言えば、具体的な今後の対応策を示したというよりも、その前提となる課題の整理と、課題解決に向けての検討体制を定めたものと言えよう。

課題は大きく四分野に分けられ、各分野の具体的な課題を検討するための体制が、その主担当官庁とともに示された。総務八、経済産業省七、文部科学省三（一部二省で共管）の、以下の計十五分野での具体的検討が課せられていた。

（　）内は主管省

① 著作物等の権利処理の円滑化推進策（文部科学省）
② 出版契約事務の効率化実証実験（経済産業省）
③ 出版者への権利付与の可否（文部科学省）
④ 外字・異体字の利用環境整備（経済産業省）
⑤ 日本語フォーマット統一規格の検討・実証（総務省、経済産業省）
⑥ 日本語フォーマットの国際標準化（経済産業省）
⑦ 国内における統一フォーマットの普及促進策（経済産業省）
⑧ 海外デファクト標準への日本語対応（総務省）
⑨ 書誌データフォーマットの標準化（総務省、経済産業省）
⑩ 記事等のコンテンツ配信実現に向けた環境整備（総務省）
⑪ メタデータの相互運用確保（総務省）

⑫　図書館の在り方（文部科学省）
⑬　サービスの高度化に向けた実証（総務省、経済産業省）
⑭　読者のプライバシー保護（総務省）
⑮　障碍者、高齢者等へのアクセシビリティ確保（総務省）

まさに課題山積を際立たせた形の懇談会であったが、これら諸課題に通底している重要課題がいくつか浮かび上がった。そのひとつが、圧倒的に不足するコンテンツの充実と並んで、懇談会設置の問題意識と重なる、グーグル社等外資勢に対抗できる「日本版電子出版プラットフォーム」の構築にあることは間違いない。しかし、そのためには、技術面（電子課金・決済・受発注、暗号化、コンテンツへのアクセス制御、複製制限、インデックス自動生成、配信インフラ・技術）と制度・運用面（著作権管理、著作隣接権の検討、書籍データの保有先、収益配分）などの課題を解決する必要があるとされる[78]。そして、この報告を受けて、早い項目では七月から担当省庁による検討が始まった。

本章ではその後の検討状況について個別に触れることはできないが[79]、全体的な進捗状況としては、電子書籍交換フォーマット確立など主に技術的分野を担当した総務省所管事項については一定の成果が出ているが[80]、制度的検討が必要な文部科学省所管事項については、国立国会図書館による電子配信に関わる事項を除き、焦点となる権利処理円滑化の仕組みや出版社への権利付与の可否については、「関係者間における具体的な協議を行うことが重要」「早急な検討を行うことが適当[81]」というように、結論は先延ばしにされた形である。

同懇談会の検討を受けて、政府の知的財産戦略本部においても、電子書籍配信の促進と知的資産のデジタルア

Book review

DECEMBER 2019

# 12月の新刊

勁草書房

〒112－0005 東京都文京区水道 2－1－1
営業部 03－3814－6861 FAX 03－3814－6854
ホームページでも情報発信中。ぜひご覧ください。
http://www.keisoshobo.co.jp

表示価格には消費税は含まれておりません。

## 話し手の意味の心理性と公共性

コミュニケーションの哲学へ

三木那由他

誰かが何かを意味するとはどういうことなのか？　グライス以来の「話し手の意味とは何か」という哲学的問いに新たな解答を提示する。

A5 判上製 304 頁　本体 4800 円
ISBN978－4－326－10278－5

勁草法律実務シリーズ

## 金融商品取引法の理論・実務・判例

河内隆史編集代表
野田 博・三浦 治・山下典孝・木下 崇・松嶋隆弘 編

複雑かつ難解な金商法分野において、学問的にも実務的にも重要な諸問題に焦点を絞り、理論と実務の双方の観点から融合的に検証する。

A5 判並製 644 頁　本体 8000 円
ISBN978－4－326－40369－1

## リスクの立憲主義

権力を縛るだけでなく、生かす憲法へ

エイドリアン・ヴァーミュール

KDDI 総合研究所叢書 9

## 災害復興の経済分析

持続可能な地域開発と社会的脆弱性

林 万平

## 12月の重版

### 〈現在〉という謎
時間の空間化批判

森田邦久 編著

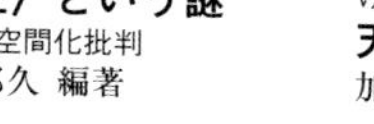

いま、この瞬間、私たちがありありと感じる「時間の流れ」は幻想にすぎないのか？　哲学者と物理学者が真正面から「現在」を論じ合う！

A5判上製 320頁　本体4200円

ISBN978-4-326-10277-8　1版2刷

けいそうブックス

### 天皇と軍隊の近代史

加藤陽子

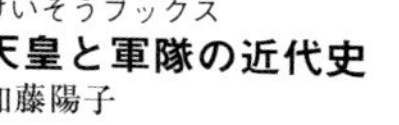

戦争の本質を摑まえるには何が必要なのか？　天皇制下の軍隊の在り方の特徴とその変容を、明快な論理と筆致で描き出す。

四六判半上製 388頁　本体2200円

ISBN978-4-326-24850-6　1版2刷

### 歴史から理論を創造する方法
社会科学と歴史学を統合する

保城広至

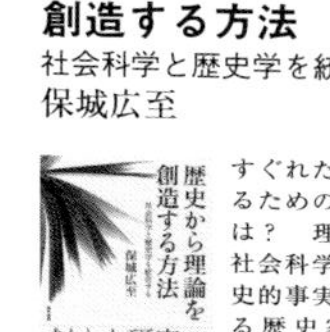

すぐれた研究をするための方法論とは？　理論志向の社会科学者と、歴史的事実を重視する歴史家の溝とは？　解決法を提示する！

A5判並製 196頁　本体2000円

ISBN978-4-326-30240-6　1版5刷

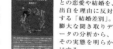

### 結婚差別の社会学

齋藤直子

被差別部落出身者との恋愛や結婚を、出自を理由に反対する「結婚差別」。膨大な聞き取りデータの分析から、その実態を明らかにする。

四六判上製 312頁　本体2000円

ISBN978-4-326-65408-6　1版4刷

## テキスト・シリーズ　アカデミックナビ

ISBN978-4-326-45117-3

A5 判上製 308 頁　本体 3800 円
ISBN978-4-326-50467-1

## 日中韓働き方の経済学分析
日本を持続させるために中国・韓国から学べること

石塚浩美

日本・中国・韓国の労働市場等をダイバーシティに焦点を当てて比較研究し、日本経済の維持・成長に必要な経済活性化の方策を訴える。

A5 判上製 240 頁　本体 3300 円
ISBN978-4-326-50468-8

## ナウシカ解読［増補版］

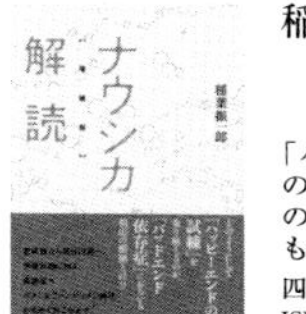

稲葉振一郎

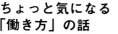

「ハッピーエンドの試練」を切り抜けたものと「バッドエンド依存症」に陥ったもの。その両諸作品の検討から見えてくるものとは。

四六判上製 496 頁　本体 2700 円
ISBN978-4-326-65424-6

## ちょっと気になる「働き方」の話

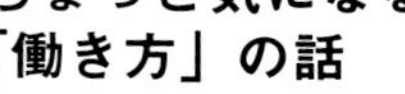

権丈英子

これからの働き方を考える上での課題を網羅。働き方と社会保障を一体のシステムとして、根本からわかりやすく学び、教えるための入門書。

A5 判並製 320 頁　本体 2500 円
ISBN978-4-326-70111-7

## 社会福祉の拡大と形成

井村圭壯・今井慶宗 編著

拡大と再形成の途上にある社会福祉において、制度・政策の理解と現場での実践を結び付けるための基礎知識、必要な事柄をまとめた。

A5 判並製 176 頁　本体 2000 円
ISBN978-4-326-70113-1

ーカイブ化が、国としての四つの知的財産戦略のうちの「最先端デジタル・ネットワーク戦略」に位置づけられ、三省デジ懇の報告書の課題事項をほぼ全面的に採用する形になっている[82]。

各省における検討・対応はその後も続いた。総務省は、二〇一一年二月に「知のデジタルアーカイブに関する研究会」（座長：杉本重雄筑波大学教授（当時））を立ち上げ、出版コンテンツを含めた公共的な知的資産のデジタル化の促進とアーカイブ構築への方策を提言した[83]。

文部科学省においても、懇談会報告を受けて設置された「電子書籍の流通と利用の円滑化に関する検討会議」（座長：渋谷達紀東京都立大学名誉教授）での論議を重ね、二〇一一年十二月に報告書をまとめたが[84]、出版社への権利付与の問題等について検討は引き続き行われた[85]。

経済産業省では、電子書籍の契約円滑化事業など三省デジ懇での担当分野の検討を引き続き進めるとともに、二〇一一年度第三次補正予算（翌年度に執行）で認められた震災関係の「コンテンツ緊急電子化事業」において、中小出版社による東北関連書籍等のデジタル化費用を一部国費負担する取組みを始めた。事業実施の委託先となった日本出版インフラセンターが主催した最初の説明会には、多数の出版関係者がおしかけ[86]、出版デジタル機構を通じて申し込んだ場合には、出版社の当初負担も売上げから相殺される仕組みとなったため、同機構を通じての申請も一五二社に上った[87]（二〇一二年五月二十一日現在）。このことは、電子書籍化に関心はあるが、費用負担の点でなかなか踏み切れないでいる中小出版社の事情を垣間見させたように思われる。

### 3　検討の成果と今後の課題

従来も出版社および関連産業を中心に様々な形で取り組まれていた我が国の電子書籍の制作・流通・利用の促進活動であるが、その一方で、事業としての可能性には懐疑的な態度をとる出版社も少なくなかった[88]。しかし、二〇一〇年の「電子書籍元年」を機に、出版界をあげての本格的な事業活動の段階に上がったことは確かであり、そこで三省デジ懇が果たした役割は、実質的な成果というよりも、国として課題や方向性を示したという点で、大きな意義があったと言えよう。なお、ネットコンテンツ政策における政府の役割として渡辺智暁は、以下の四点を挙げている[89]。

① 雇用対策（コンテンツ充実のための要員訓練、職業機会の創出など）
② 情報・メディアリテラシー教育の強化
③ 情報資源（特にパブリック・ドメイン情報）の拡充と積極的提供
④ 課金・決済システムに関わる制度整備

以下に二〇一〇年から二〇一二年までの電子書籍流通に関わる成果を、官民を問わず簡単に整理しておきたい[90]。

コンテンツ整備に関わる事項

- 国立国会図書館蔵書のデジタル化の進展
- ㈱出版デジタル機構の設立
- コンテンツ緊急電子化事業の実施

プラットフォーム整備に関わる事項

- EPUB3.0[91]等規格、フォーマット等の一部標準化

・近刊情報センター(92)の設立
・各社による電子書籍配信プラットフォームの開設
・電書協、電流協等各種関係団体の設立

このように列挙すると、成果というよりも、今後成果をあげていくための手がかりがようやく出揃ってきたということ、政府あるいは公的機関が関与・貢献する余地が大きいこと(93)、一方で、制度整備に関わる分野では、まだ具体的成果が上がっていないこと、などがわかる。

そこで、これまでの分析をもとに、「官民を挙げて」今後取り組むべき（あるいはすでに取り組んでいるがまだ成果が出ていない）重要課題六点に絞って、以下に指摘しておきたい。

① 公共分野・商用分野を問わず、一千万点を優に超えると言われるグーグルの電子図書（図書館蔵書のデジタル化を含む）に比べて、極めて貧弱な日本の出版デジタルコンテンツの量的充実

② これまで日本の出版物の多様性・豊富さを支えてきた、出版社の大多数を占める中小出版社が、引き続き電子書籍分野においても出版活動を続けていける仕組みを保障すること。

③ 日本語障壁を超えて、多様かつ豊富な日本の出版コンテンツの海外輸出を可能にする体制（翻訳者の確保、自動翻訳など）を作ること(94)。

④ 書店、図書館等の新しい役割を定め、高齢者、障がい者など様々なニーズをもった読者の利便性を高める

こと、特にこれまでの出版流通体制が維持してきた全国的なサービスを保障すること。

⑤　著作者・出版者の権利を保障しながら、公共分野・商用分野それぞれにおける（価格設定を中心とする）電子書籍利用のビジネスモデルを確立すること。

⑥　権利（者）情報・課金・決済等を効率的に行う権利処理の仕組み[95]などの制度整備を行うこと。

## おわりに

電子書籍市場の本格的立ち上がりには、前節で挙げた重要課題の解決に向けた取り組みが不可欠であり、その牽引役が求められる。そして、大手出版社・印刷会社と産業革新機構という官民協力の形での出資によって設立された出版デジタル機構は、それを意図的に果たそうとしていたように思われる。同機構の植村八潮会長（二〇一二年当時）は、同機構の役割として以下の点を挙げている[96]。

- 五年で百万タイトルのデジタル化
- デジタル化のノウハウや経費がない中小出版社に代わってのデジタル化請負
- デジタルデータの保存（ストック機能）
- 電子書店・電子取次への配信
- コストの管理・利益分配計算
- 電子書籍のプロモーション

デジタル化を除けば、これらの機能はこれまでの出版流通体制の中で取次会社が担ってきたものであり、コンテンツをもつ出版社と電流協に代表されるインフラ企業群との橋渡しをする電子取次の役割を果たそうとしていたように思われる。実際に、インタビューの中で植村会長（当時）は、「公共性を伴う枠組みづくり[97]」、日本の電子書籍プラットフォームとして「垂直統合による囲い込みをしない[98]」ことを明言していた。その意味で、同機構が提供するサービスを public（公共性）と bridge（橋渡し）の合成語「pubridge」と名付けたことは象徴的であった。しかし、その後の同機構の動向は、必ずしもその初志を貫徹したものとはなっていないようである。それに代わる機能を果たす組織が出現するのか、今後の日本の電子書籍シーンにとって大きな影響要因となっていくだろう。

注

（1）平成一八年の国立大学図書館の調査では、一大学あたり平均六、二〇〇タイトル、予算で約六〇〇〇万円を電子ジャーナル購入に充てている。加藤信哉「Big Deal の光と影——電子ジャーナルの導入」日本図書館情報学会研究委員会編『学術情報流通と大学図書館』勉誠出版、二〇〇七、一九三頁。

（2）電通総研編『情報メディア白書二〇一二』ダイヤモンド社、二〇一二、五〇頁。

（3）「業績ハイライト（三月三一日終了会計年度）」トヨタ自動車ウェブサイト <http://www.toyota.co.jp/jpn/investors/financial/high-light.html>

（4）村瀬拓男『電子書籍の真実』毎日コミュニケーションズ、二〇一〇、八五頁。

（5）この定義のポイントはふたつある。ひとつは、著作物と出版物を分け、何らかの出版編集行為（企画、編集、宣伝、頒布、人材育成、著作権情報管理など）が加わることが出版物としての条件となること、ふたつめは、「有償」つまり商業的流通を前提とすることである。（村瀬　前掲注（4）、八二—八四頁）したがって、例えば、作家が自作のワープロ原稿を何の手も加えずにそのままネット流通させた場合や、編集行為を加えていても友人・知人へ無償配布する場合は、本章の考察の対象とはしない。

（6）山口真弘「電子書籍の『専用端末』はどこに向かうのか～ここまでの電子書籍端末総まとめ」2011. 5. 16. <http://pc.watch.impress.co.jp/docs/topic/feature/20110516_445529.html>

（7）武井一巳『アップルvsアマゾンvsグーグル——電子書籍、そしてその「次」をめぐる戦い』毎日コミュニケーションズ、二〇一〇、一八一頁。

（8）同前、一二八頁。

（9）小川浩・林信行『アップルとグーグル——日本に迫るネット革命の覇者』インプレスR&D、二〇〇八、八八頁。

（10）橋本優「慶應義塾大学が〝Googleブック検索〟で一二万冊をデジタル公開！」2007. 7. 6. <http://ascii.jp/elem/000/000/049/49041/>

（11）法的問題点を中心とした訴訟及び和解案の詳細については、坂本博「グーグル和解問題と国際的著作権保護」『レファレンス』第七一三号、二〇一〇・六、五—二五頁を参照。

（12）それはせっかくデジタル化された日本語書籍がグーグル検索の対象外となることを意味し、はたして訴訟から降りたことが良かったか否かは難しいところである。歌田明弘『電子書籍の時代は本当に来るのか』筑摩書房、二〇一〇、一七二頁。

（13）修正和解案については、集団代表訴訟であったために当事者間の合意だけでなく、裁判所の承認が必要とされ、二〇一一年三月にニューヨーク南地区連邦地裁判事による「承認せず」の判断が示された。まだ訴訟は終わっていない。「Googleブックス訴訟、米国連邦地裁は修正和解案を認めず」『カレントアウェアネス－E』no. 191, 2011. 4. 7. <http://current.ndl.go.jp/e1162>

（14）「Googleブックスパートナープログラムとは」<http://support.google.com/books/bin/answer.py?hl=ja&answer=17855>

（15）ベルナール・ジラール（三角和代・山下理恵子訳）『ザ・グーグルウェイ』アールアイシー出版、二〇〇九、四八頁。
（16）同前、一二一頁。
（17）小川・林　前掲（9）、一三九頁。
（18）岸博幸『アマゾン、アップルが日本を蝕む――電子書籍とネット帝国主義』PHP研究所、二〇一一、三二一―三三三頁。
（19）同前、二八―二九頁。
（20）同前、三三―三四頁。
（21）ジャン‐ノエル・ジャンヌネー（佐々木勉訳）『Googleとの闘い――文化の多様性を守るために』岩波書店、二〇〇七、参照。
（22）「フランスにおける資料デジタル化政策の動向」『カレントアウェアネス‐E』no. 166, 2010. 2. 17. <http://current.ndl.go.jp/e1023>
（23）「フランス　電子書籍の価格規制に関する法律」『外国の立法』no. 250-1, 二〇一二、一〇―一一頁。
（24）「フランスで絶版書籍の電子的利用に関する法律が成立」『カレントアウェアネス‐E』no. 214, 2012. 4. 26. <http://current.ndl.go.jp/e1285>
（25）Europeana ウェブサイト <http://www.europeana.eu/portal/>
（26）出版点数では、二〇〇七年（一部二〇〇八年）の比較で、中・米・英・露に次ぐ世界第五位となっている。出版年鑑編集部編『出版年鑑二〇一〇』出版ニュース社、二〇一〇、三六四―三六五頁。また、書店数では、面積が約二五倍の米国の約九〇〇〇店に対して、日本には全国に約一万五〇〇〇店（二〇一一年）が存在している。岸　前掲書、九〇頁。
（27）木下修「出版産業の構造」日本出版学会編『白書出版産業二〇一〇　データとチャートで読む出版の現在』文

化通信社、二〇一〇、一〇頁。
(28) 岸　前掲書、一四〇―一四一頁。
(29) 岸　前掲書、三七頁。
(30) 木下　前掲（注27）、一一頁。
(31) 新刊委託販売は、配本された書籍から書目と冊数を取次が見つくろって書店に送り、その結果、見つくろいと実売の間に差が生じた場合は、決められた範囲内なら無償で返品を認める仕組み。書店にとってはコスト負担のリスクを避けることができ、安心して書籍を発注できることになるが、一方でそれが安易な返品の山を築いていると言われる。また、著作物（出版物）の再販制度とは、出版社が書籍等の販売価格を取次・書店に指示し、それを遵守させる制度。それによって書籍の定価販売が維持され、安定的な収益を見込むことができるが、一方で価格硬直化が経営の柔軟性を奪っている側面もある。
(32) 柴野京子『書棚と平台――出版流通というメディア』弘文堂、二〇〇九、一六九―一七〇頁。
(33) 二〇〇九年の書籍輸出額は七五億円余で、約二兆円の書籍・雑誌売上高の一％にも満たない。出版年鑑編集部前掲書、一三二頁。
(34) 福井健策「警告　著作権が主戦場になる！――知財・情報分野こそ焦点である」『文藝春秋』第九〇巻第一号、二〇一二・一、一五六―一六〇頁。
(35) 電通総研編　前掲書、五〇頁。
(36) 佐多薫「雑誌――その市場と今日的な意義」『Aura』第一八九号、二〇〇九・六、二―五頁。
(37) 二〇歳代で毎日、新聞紙を読む人の率は、平成一五年度の四七％から平成二一年度には三二％と、確実に下がっている。しかし、それは若者に限った現象ではなく、同じ時期の比較で、三〇歳代では六四％→四五％と、その減り方はむしろ大きい。山田順『出版大崩壊　電子書籍の罠』文藝春秋、二〇一一、五九頁。
(38) 永江朗「読書世論調査データで検証する『読書離れ』のウソ（1）〜（3）」<http://www.sogotosho.daimokuroku.com/?index=hon&date=2009-08-31>

<http://www.sogotosho.daimokuroku.com/?index=hon&date=20090901>

<http://www.sogotosho.daimokuroku.com/?index=hon&date=20090902>

（39）会田政美「出版産業の返品制度」日本出版学会編　前掲書、四六—四九頁。

（40）本の学校編『本の学校・出版シンポジウム二〇〇九記録集　出版産業、改革待ったなし！——押し寄せるデジタル化の波／空洞化する委託・再販制度』唯学書房、二〇一〇、二四—二五頁。

（41）電子書籍・電子雑誌というような表現形式・商品形態よりも、「出版（編集・制作）の電子化」あるいは「出版物の電子化（CD‐ROMやオンライン出版）」という出版機能面の観点が強かったことが、この「電子出版」という名称に反映しているように思われる。

（42）植村八潮「電子出版」日本出版学会　前掲書、六九頁。

（43）村瀬　前掲書、五二—五四頁。

（44）同前、五八頁、植村　前掲注（42）。

（45）山田　前掲書、六七—六九頁。

（46）鈴木英子「米国出版業界、二〇一〇年の電子書籍売上高は八億七八〇〇万ドル」2011. 8. 10.

<http://itpro.nikkeibp.co.jp/article/NEWS/20110810/364642/>

但し、日本と米国では統計の取り方が異なり、また米国は書店等を通じた販売ルート以外での売上げも大きいため、正確な比較は難しい。

（47）村瀬　前掲書、七六頁。

（48）山田　前掲書、一〇七—一一四頁。

（49）同前、五六—五七頁。

（50）同前、三七頁。

（51）電子書籍には再販制度は適用されないという見解が公正取引委員会から示されている。

公正取引委員会「よくある質問コーナー（独占禁止法関係）」

<http://www.jftc.go.jp/dk/qa/#Q14>

(52) 村上龍「G2010 設立の理由と経緯」2010. 11. 1.
<http://ryumurakami.jmm.co.jp/g2010.html>
本の自費出版同様、一回限りのセルフパブリッシングは容易だが、出版を継続するためには、編集・制作、流通、宣伝・販売、経理、権利管理などの出版社（者）機能とそれを支える資金負担が不可欠なことを証明したと言えなくもない。

(53) 山田　前掲書、一七六頁。

(54) 歌田　前掲注（12）、二〇六―二〇九、二五二―二五六頁。

(55) 平成二〇年四月の日本出版学会における長尾館長講演で明らかにされた構想。国立国会図書館が出版社との連携のもとに電子書籍・書籍電子データ等のデジタルアーカイブの機能を果たし、公共図書館等を通じて有料配信するとともに、（仮称）電子出版物流通センターに電子データを無料で提供することによって、一般利用者からの料金を徴収する同センターから出版社・著作者へ使用料が還元できるようにするという構想。グーグルに対抗した日本の電子書籍プラットフォームを急いで構築しなければならないという思いがそこにはあったと思われる。長尾真『電子図書館　新装版』岩波書店、二〇一〇、ix―xiii頁。

(56) 以降の記述は、主に、阿部信行編『二〇一一年版　出版指標年報』社団法人全国出版協会・出版科学研究所、二〇一一、五一―五七頁、を参考にした。

(57) 古川琢也「早くも錯綜した電子書籍業界のリアルとは」『電子書籍の正体』（別冊宝島）宝島社、二〇一〇、一二―一三頁。

(58) 前田佳子「主役不在で離陸せず――電子書籍の向かう先」『週刊東洋経済』第六三四六号、二〇一一・九、一〇、二四頁。

(59) 湯浅俊彦『出版流通合理化構想の検証――ＩＳＢＮ導入の歴史的意義』ポット出版、二〇〇五、九一―九八頁。

(60) 出版社、書店、メーカーなど約一五〇社が集まり、電子書籍ビジネス立ち上げをめざして組織された。旧通商産業省の補助金を得て、出版物をスキャンして制作した電子書籍をネット等で配信し、書店専用端末や利用者のＰＣ上で読めるようにする、という実証実験を行なった。村瀬　前掲書、六一―六二頁。

(61) 特定の業種の営業について、特別の定めを置く法律を指すが、法律用語ではない。業法の内容（例えば規制強化）が業界の活動に本質的な影響を与えることも多いため、業法を通じた所管官庁と業界との関係は密接なものとなる。

(62) 産業分類上、かつては出版業は「大分類　製造業」の中の「中分類一九　出版・印刷・同関連産業」に入っていた（第一〇回改定）。それに合わせて、旧通商産業省では、出版業は紙業印刷業課の所管であった時期もあり、産業分類の中に「中分類四一　映像・音声・文字情報制作業」が設けられて、ようやく印刷、製版、製本から離れることになった（第一一回改定）。　総務省統計局統計基準部『日本標準産業分類　平成一四年三月改訂』二〇〇二、三五頁。

(63) 経済産業省が所管する出版文化産業振興財団の活動を見ると、産業振興というよりも、その下支えとなる読書振興に事業活動の中心が置かれているようである。
一般財団法人出版文化産業振興財団ホームページ
<http://www.jpic.or.jp/>

(64)「新聞出版総署、報道・出版業の『新政策』発表」『人民網日本語版』2010. 1.5.
<http://japanese.china.org.cn/life/txt/2010-01/05/content_19184040.htm>

(65) 経済産業省商務情報政策局文化情報関連産業課「海外主要国・地域のコンテンツ政策」2003. 5, pp. 1, 35.
<http://www.meti.go.jp/policy/media_contents/downloadfiles/dai2kaikokusaisenryakuken/siryo5(hontai).pdf>

(66) 山口広文「コンテンツ産業振興の政策動向と課題」『レファレンス』第六八八号、二〇〇八・五、七四―七九頁。

(67) 平成二三年一月に閣議決定された文化芸術振興基本方針（第三次）においても、本に関しては、文学作品、著作権、読書振興等に関する記述があるだけで、出版振興や電子書籍流通促進に関する記述はみあたらない。文化審議会「文化芸術の振興に関する基本的な方針（第三次）について（答申）」2011. 1. 31.
<http://www.bunka.go.jp/bunkashingikai/soukai/toushin_110131/pdf/toushin_110131_ver03.pdf>

（68）松永しのぶ「文化機関が連携するために――何が問題か?」ＮＰＯ知的資源イニシアティブ編『デジタル文化資源の活用――地域の記憶とアーカイブ』勉誠出版、二〇一一、六四―六七頁。

（69）「日本独自の文化が海外で評価を受けている現象」を指し、「クール」には洗練された、カッコいい、というニュアンスがこめられている。<http://kotobank.jp/word/%E3%82%AF%E3%83%BC%E3%83%AB%E3%83%BB%E3%82%B8%E3%83%A3%E3%83%91%E3%83%B3>

（70）文部科学省「平成二四年度からの学校図書館関係の地方財政措置について」『図書館雑誌』第一〇六巻第三号、二〇一二・三、一六一―一六三頁。
<http://www.mext.go.jp/component/a_menu/education/micro_detail/__icsFiles/afieldfile/2012/03/06/1317831_3.pdf>

（71）株式会社三菱総合研究所「平成二一年度コンテンツ取引環境整備事業（デジタルコンテンツ取引に関するビジネスモデル構築事業）報告書」2010. 3. 31.
<http://www.meti.go.jp/meti_lib/report/2010fy01/E001134.pdf>

（72）同前、一頁。

（73）同報告書の発行日は「二〇一〇年三月三一日」となっているが、実際に公表されたのは、半年近く後の八月であり、後述の三省デジ懇の報告書がすでに六月に出されていた。「経済産業省、活字コンテンツ・電子書籍の流通等に関する報告書を公開」『カレントアウェアネス－R』2010. 8. 6.
<http://current.ndl.go.jp/node/16629>

（74）村瀬拓男「二〇一〇年は『書籍デジタル化』元年」『ダイヤモンドオンライン』2010. 1. 7. p. 3.
<http://diamond.jp/articles/-/3910?page=3>

（75）「国会図書館、『電子納本を義務化』中川・文科副大臣」『朝日新聞』二〇一〇・二・一三、二九面。

(76)「デジタル・ネットワーク社会における出版物の利活用の推進に関する懇談会（第一回）議事要旨」p. 1.
<http://www.soumu.go.jp/main_content/000064004.pdf>

(77) デジタル・ネットワーク社会における出版物の利活用の推進に関する懇談会「デジタル・ネットワーク社会における出版物の利活用の推進に関する懇談会報告」2010. 6. 28.
<http://www.soumu.go.jp/main_content/000075191.pdf>

(78) 福永一彦「『課題山積み』を際立たせた三省共催『デジタル懇談会』」前掲注（57）、八〇—八一頁。

(79) 平成二三年末における各分野の検討状況については、内閣官房知的財産戦略推進事務局「担当府省ヒアリング説明資料（デジタル化・ネットワーク化関係）」2011. 12. 21, pp. 1-3. を参照。
<http://www.kantei.go.jp/jp/singi/titeki2/tyousakai/contents_kyouka/2012/dai3/siryou2_1.pdf>

(80) 総務省「電子出版環境整備事業（新ＩＣＴ利活用サービス創出支援事業」
<http://www.soumu.go.jp/menu_seisaku/ictseisaku/ictriyou/shinict.html>

(81) 前掲注（79）、一〇—一三頁。その後著作権法改正に関しては、大きな進展があった。

(82) 知的財産戦略本部「知的財産推進計画二〇一一」2011. 6. 3, pp. 23-24. <http://www.kantei.go.jp/jp/singi/titeki2/kettei/chizaikeikaku2011.pdf>

(83) 知のデジタルアーカイブに関する研究会「知のデジタルアーカイブ——社会の知識インフラの拡充に向けて—提言」2012. 3. 30.
<http://www.soumu.go.jp/main_content/000156248.pdf>

(84) 電子書籍の流通と利用の円滑化に関する検討会議「電子書籍の流通と利用の円滑化に関する検討会議報告」2011. 12. 21.
<http://www.bunka.go.jp/bunkashingikai/kondankaitou/denshishoseki/pdf/houkoku.pdf>

(85) 例えば、作家、出版社、超党派の国会議員等から成る「印刷文化・電子文化の基盤整備に関する勉強会」（座長：中川正春衆議院議員）では、電子書籍流通促進の観点から、出版者に著作隣接権を認めることが適当である

との方向で論議が行われた。『電子書籍』普及へ著作権法改正案を初公表、作家・出版社・国会議員ら」『日本経済新聞　電子版』二〇一二・四・二八。

(86)「JPO、コンテンツ緊急電子化事業の説明会に四五〇人」『新文化オンライン』2012. 2. 28. <http://www.shinbunka.co.jp/news2012/02/120228-02.htm>

(87) 株式会社出版デジタル機構ウェブサイト <http://www.pubridge.jp/info/20120516/>

(88) 例えば、出版社における電子雑誌のパイオニアとも言える岩本敏は、「個々にやったビジネスモデルはいくつかあって、そのうちの辞書やコミックは多少ビジネスとして成り立っているけれど、アーカイブとしてまとまったものがビジネスになるかどうかは、まだテストもしていない。」と述べている。「岩本・植村・沢辺の電子書籍放談」2011. 9. 2. <http://www.pot.co.jp/danwashitsu/20110902_155610493925261.html>

(89) 渡辺智暁「ウィキペディアから『出版』を考える」岡本真ほか編『ブックビジネス2・0——ウェブ時代の新しい本の生態系』実業之日本社、二〇一〇、二〇七—二一三頁。

(90) 前掲注(79)、(80)の資料をもとに構成。

(91) 米国発の電子書籍用ファイル・フォーマット規格のひとつ

(92) 日本出版インフラセンターが、書店、取次、図書館等に出版物の近刊情報を速やかに提供することを目的に、平成二三年四月に発足させた組織

(93) 前述の岸教授は、世界のコンテンツ流通を主導する米国ネット企業の力は圧倒的であり、「政府が適切に関与してそうした問題点を改善すべき」と指摘している。(岸　前掲書、二五六頁)

(94) 文化庁の助成を得て、日本の文学作品を翻訳、海外に提供する事業が行われていたが、問題点も少なくなかったようである。栗田明子「日本の出版物を海外に紹介するに当たって——著作権輸出で必要なこと」『出版ニュース』二〇一一年一二月中旬号、一七頁。

(95)「出版社が電子出版ビジネスになかなか踏み出せない理由の一つは、集中権利管理機関やグーグルの版権レジストリに当たるものが、日本の電子書籍の世界には存在しないからだと思います」という指摘がある。金正勲「『コンテンツ２・０』時代の政策と制度設計」岡本真ほか編　前掲書、一三二頁。

(96)「『出版デジタル機構』は、日本の eBook 市場の救世主となれるか？　取締役会長・植村八潮に訊く」2012. 5. 28.
<http://wired.jp/2012/05/28/pubridge-interview/>

(97) 同前、p. 5.

(98) 同前、p. 7.

# 第五章　電子書籍と公共図書館——デジタルアーカイブという可能性

（松永しのぶ氏との共著）

## はじめに

「本と図書館」、それは「本と書店」と同じぐらい自然な響きをもつ組み合わせだろう。それでは、「電子書籍と公共図書館」はどうだろう。何かしっくりこないと感じる人が多いのではないだろうか。米国の公共図書館では電子書籍の利用は当たり前の現象になっている一方で、日本の公共図書館では電子書籍の利用は「まだ」例外的だ。その社会背景の違いを調べることは興味深いテーマであるが、本章では、書籍と電子書籍、公共図書館と電子図書館という対比の中で、もう少し原理的に電子書籍と公共図書館の未来の関係を考えてみることにしたい。

ところで、「まだ日本では例外的」と書いたが、それではいずれは日本の公共図書館でも米国のように電子書籍の利用が当たり前になるのだろうか。電子ジャーナルを始めとする電子コンテンツの利用増大によって、日本を含めた世界の大学図書館が大きく変化しつつあるように、電子書籍の導入は、日本の公共図書館の今後に大きな影響を与えるのだろうか。

一九九〇年代に「電子図書館」が今後の公共図書館の在り方にどのような影響を与えるのか、あるいは公共図書館の電子図書館化の可能性が図書館関係者の間で大きな話題となったことがあった。結果的に言えば、現在の日本の公共図書館に、図書館全体のデジタル化という電子図書館論本来の痕跡はほとんどない。電子図書館という言葉自体が、今や図書館界、少なくとも公共図書館界では死語に近い。電子図書館は「新しい公共図書館」への媒介項にはならなかったのである。果たして電子書籍はどうだろうか。

## 第一節　公共図書館のコンテンツサービスと電子図書館の可能性――接点はあったのか

### 1　公共図書館におけるコンテンツ提供サービス

公共図書館に限らず図書館の重要な機能としてコレクションの形成がある。古い図書館学の教科書では、図書館サービスの基本はコレクションの利用提供とされ、蔵書量の多寡が、図書館を評価する重要な基準のひとつであった。コレクションの中心は、長い間図書・雑誌であったが、メディア環境の変化に応じて、レコード、写真、マイクロフィルムなど多様化し、デジタル時代の到来とともに、電子コンテンツが重要な部分を占めるようになってきた。すでに大学図書館では、電子ジャーナルが象徴するように、所蔵の多寡ではなく、どれだけのタイトル数を契約し、利用できる状態になっているかに評価の基準が移っている。図書館サービスにおける電子コンテンツの重要性が高まるのに伴って、コレクションの意味が大きく変化してきているのである。[1]しかし、少なくとも日本の公共図書館では、このような変化は起きていない。

日本の公共図書館界では長い間、資料提供こそが図書館サービスの基本であるとするテーゼが大きな影響力をもってきた。情報・知識の提供という図書館の使命を考えれば、それは不思議なことではない。但し、それが成立したのは図書に代表される資料が、情報・知識というコンテンツを運ぶ媒体だったからであり、紙でできている図書や雑誌というモノの提供が目的だったわけではない。コンテンツの提供とメディアの提供は理論的には別のものであり、コンテンツのデジタル化がその分離を可能にしたにもかかわらず、公共図書館では「メディアの提供＝コンテンツの提供」という前提に安住したままだった。

もうひとつ、日本の公共図書館で電子コンテンツの利用提供が進まなかった理由がある。それは、図書館におけるデジタル情報化が書誌情報の提供に集中し、それに関わる様々な付帯的サービスの精緻化とシステム化（例えば横断検索の利便化や予約システム）に精力が注がれ、テクスト自体のデジタル提供に図書館関係者の関心が向かなかったことだ。さらに敷衍すれば、週一回以上公共図書館に通うような現在のヘビーユーザーの多くが望んでいるのは、図書それも小説類の利用であって、電子コンテンツサービスなど最初から期待されていなかったと言えるかもしれない。

それが図書のような現物資料であれ、あるいはデジタル化資料や電子書籍によるデジタルコレクションであれ、公共図書館サービスの在り方はコレクション活用の観点から語られることがまだ一般的である。しかし、情報や知識を利用者に直接提供するという趣旨のコンテンツサービスは、コレクションサービスに限られない。実際に、外部データベースの導入・利用提供に取り組んできた公共図書館はこれまでにも少なくなかった。しかしそれが大学図書館のような電子ジャーナルや新聞記事全文検索サービスの導入までには至らなかったのである。大学図書館と異なり、不特定多数の利用者を前提とするコンテンツ利用契約の難しさなど、それには様々な理由はあるだろうが、コンテンツサービスを公共図書館が今後担うべき重要なサービスであるという合意形成が、公共図書館関係者の中でできなかったことがその背景にあると思われる。

出版社や新聞社など外部で制作されたコンテンツを利用するのではなく、図書館内部からコンテンツを制作し提供していくことも別の可能性としてあるだろう。図書館の特殊コレクションをもとに、専門家や利用者による研究会を組織し、新たなコンテンツを創造したり[(2)]、地方出版社と組んで新しい電子書籍を発行する事例[(3)]も実際にあるが、大半の公共図書館では、主に保存の観点から既存の貴重資料や郷土資料をデジタル化し、ホームページで閲覧できるようにする程度にとどまっている。

## 2　電子図書館の夢

理念としてだけではなく、現実の電子図書館構築のとば口に立った一九九〇年代からすでに四半世紀が経過した。大学では、当時の図書館関係者が願っていたような大学図書館自体の電子図書館化が進むというより、図書館を通じた電子ジャーナルや各種データベース、グーグルを通じた世界中の電子情報資源の利用等によって、電子コンテンツの利用環境が大幅に整ったことは確かであり、ある意味で電子図書館的時代に入ったと言ってもいいだろう。その一方で、国立電子図書館に最終的には収斂してしまう可能性まで論じられていた公共図書館の電子図書館化[(4)]は、その兆候さえ認め難いのが現状である。多くの日本の公共図書館では、電子書籍の導入すら進んでいない。そもそも「電子図書館」は、もはや現在の公共図書館のめざすべき理念にはなっていないように思われる。結局、公共図書館と電子図書館は相容れないものだったのだろうか。

電子図書館論の系譜をたどることは本章の趣旨ではないが、それが図書館論、特に公共図書館論の流れから出てきたものでないことは確かである。知識、それも世界中の知識の収集とその理論的組織化、活用を考えた十七世紀のライプニッツに電子図書館理念の源流を認めることができるが、そこまで遡らなくても、二十世紀初頭のオトレとラ・フォンテーヌのドキュメンテーション論[5]、そしてV・ブッシュのメメックス[6]に連なる情報科学的アプローチによる電子図書館と、知識の普及や市民による情報への公平なアクセス、コミュニティにおける役割などを目的とする社会科学的アプローチによる公共図書館は、出自と目的を異にしている。電子図書館の側から見れば、公共図書館の存在は本質的なものではなく、仮にそれがなくても実現に障りはない。同じように、現在主流となっているパッケージ型電子書籍も電子図書館の理想からすれば、過渡期的な産物に過ぎない。一方、公共図書館の側からすれば、旧蔵資料のデジタル化や電子書籍の導入により、電子コンテンツをコレクションの一部として扱うことになり、電子コンテンツサービスに接点を持つことになったが、資料・施設・職員等が一体となってサービスを展開する公共図書館にとって、それは本質的機能とは見做されなかったのである。

多くの日本の公共図書館にとって、デジタルライブラリーは一部コレクションのデジタル化とその利用に限定した図書館サービスの一分野に過ぎず、コレクションにとどまらない、図書館全体の電子図書館化に進むことはなかった。

## 3　公共図書館と電子図書館

このように、電子図書館構想の側から見ると、公共図書館は地域におけるデモンストレーションの場程度の意義しかなく、理想の実現に向けては、その存在はほとんど視野に入っていなかったと言っていいだろう。一方、公共図書館の側から見ると、電子書籍や電子ジャーナルの利用にとどまらず、電子図書館的機能とは様々な接点がありえたように思われる。その典型がインターネット情報源の活用である。玉石混交と言われるインターネット情報であるが、各種政府統計データや調査リポートなど、有用な情報が豊富にあることは確かである。あてにならない代表のように挙げられる日本のウィキペディア情報も、むしろ図書館員が積極的に執筆に関与することで、その確度を上げていく方向もあったのではないだろうか。また、公共図書館が所在する地域の団体や諸活動に関するネット情報を収集・組織化・編集することにより、新たな地域の情報資源を創出することも可能だったはずである。しかし、現実には貴重書など図書館蔵書の一部デジタル化によるデジタル「コレクション」が形成されただけで、それがデジタルライブラリーに発展することはなかった。その理由を探ってみることは、今後の公共図書館の在り方を考えるうえで役に立つかもしれない。

電子図書館が図書館界の話題になり始めたとき、その特徴が「壁のない図書館」として表現されたことがあった[(7)]。それは、物理的空間にとらわれない、デジタルネットワークという電子図書館の本質を言い当てたものだったかもしれない。逆に、それが現実の図書館でうまくいかなかったのは、図書館の壁がいかに厚かったかを示していると言えるだろう。そして、その「壁」にもいろいろある。

図書館建築という、文字通りの壁とその建築が立地する場所の存在が大きいことは確かだ。また、パピルス紙や竹簡から現代のCDや磁気テープまで、コンテンツを格納する媒体の存在は不可欠だった。建物や書庫などの図書館施設はそうした資料を保管するために作られた。さらに、図書館という組織自体も、資料や施設を運営することを前提に編成されており、デジタル化対応やネットワーク化への資金投入が進まなかったということと合わせて、「制度的な壁」も重大な阻害要因だった。しかし公共図書館が電子図書館機能の実現に向かわなかった何よりも大きな要因は、図書館員という「人の壁」だったのではないだろうか。

資料の管理・保存が図書館員の最大の責務であった時代が長く続いた。そして図書館サービスこそ最も重要な任務であるという近年の方針転換の中で、その中心となるのは資料提供サービスであった。現代でも、公共図書館員が資料と言うとき、先ず念頭に浮かんでいるのは新聞やパンフレットではなく、ましてや写真やCDやインターネット情報源ではなく、それは書籍だろう。書籍という媒体形式の持つ物理的安定性と内容面での信頼性は、一般の人びとにとっても馴染み深いものだが、図書館員にとっては知識の体系性を具現化するものなのである。日本のほとんどの公共図書館で採用されている日本十進分類法は、まさに「図書」分類の方法として開発された。インターネット上を流通するデジタルコンテンツのような、不安定で体系性に欠ける情報に信頼を置くことはできないという「心理的壁」は大きかった。

公共図書館にとって「電子」とはそりが合わなかったとすれば、「書籍」にとって「電子」はどうだったのだろうか。

## 第二節　電子書籍——電子と書籍の不幸な出会い？

### 1　完成度の高いパッケージ製品としての書籍

紙の書籍が、これまでの人類の情報・知識の蓄積・表現媒体としては最高の完成度にあることはよく指摘される。それでは、その完成度とは何に起因するのだろうか。

先ずはよくできた紙の製品であることがあげられる。様々な紙質・判型をもちながら、同じ形式で編纂されている。紙とインクという比較的安価な素材でできており、持ち運びが容易で、読むための装置を必要とせず、電気も必要ない。嵩張ることが欠点としてあげられることが多いが、それも電子的媒体と比較してのことで、文庫本や新書が象徴するように、知識・情報がここまでコンパクトに詰め込まれているモノは他にない。日本の場合、製紙から印刷・製本、流通、小売りまでの流通経路が極めて効果的に整備されており、日本全国で同じ本をほぼ同時期に読むことができる。しかも諸外国と比べて安価である。新刊だけでなく、古書の流通経路もあり、新刊よりも財産的価値を生む場合もある。芸術作品や工芸品は別として、大量生産品としては異例のことだろう。

そうした言わばハード面の特性に加えて、むしろ注目すべきことは、そのソフト面、つまりコンテンツに関わる高度な編集性である。目次、ページ番号、割り付け、奥付（日本の場合）などの形式面に加えて、編集者・出版者が参与することによって可能となる、原稿（コンテンツ）の選別、編集、校正過程におけるコンテンツの品質保証の仕組みがあることだ。もちろん、このような編集過程は電子的にも可能であり、また実際に現在ではその方が一般的であるが、最終的に紙の本を生み出すための技術としての側面が色濃く残っているのである。

このハード面とソフト面との融合度の高さこそ、紙の書籍の特徴と言ってよいだろう。例えば、レコードやCDも同じように物理的形態と音像コンテンツの融合媒体であったが、その融和度はそれほど高くなく、ストリーミングサービスへの移行は抵抗感のないまま、あるいはより便利になった形で進んでいる。これは動画も同じだ。本来書籍は文字や静止画コンテンツを載せるための、価値中立的な媒体であったはずであるが、書籍編集過程の確立によって、文字の世界では、コンテンツが都合のよい媒体を選ぶのではなく、様々なテクストの中から、そこに掲載してもいいコンテンツを選別する機能が、媒体である書籍に付与されたのだった。

諸外国と比べても日本の一般書籍の完成度は極めて高い。一部の高度にアーティスティックなものは除いて、欧米の内容的には質の高い書籍でも、日本の書籍と比べると、その無骨ともいうべきそっけなさに驚いた日本人は多いはずだ。電器製品その他日本製品一般に言われることであるが、特に書籍においては一種の物神性を帯びる程度にもなったと言えるだろう。それはつまり読める機能だけではそれを代替することは難しいことを意味している。

## 2 書籍に向かないコンテンツの増大と新しい電子書籍の可能性

装丁、レイアウト、紙質、編集、コンテンツなどが統合された、工業製品でありながら芸術作品的な書籍制作の前提には、単著の場合、ひとつのテーマのもとに一人の著者によって記述・編成されたテクストの統一性がある。論文集や図鑑・事典などの例外も少なくないが、それでもテクスト全体のテーマの統一性は保たれており、統一的なテクストあってこその、媒体とコンテンツが融合した書籍の完成度であった。逆に言えば、統一的なテクストを構成しないコンテンツは、完成品としての書籍の形態をとるのは難しい。紙の世界において、そのようなコンテンツに対応したのが新聞、雑誌、パンフレットなどの形態だった。その意味で、媒体とコンテンツの融合度の低い新聞記事や雑誌論文が先ずはデジタル化され、ネット配信や電子ジャーナルの形式に移行したことは自然の流れと言えるだろう。

従来は紙媒体で流通していたテクストの多くがインターネットの中に取り込まれる一方で、これまで図書や雑誌では流通していなかったブログやツイッターなどによる様々なテクストや数値データ、そして文字以外の静止画、音像、映像などが交じり合う複合コンテンツの世界が出現した。複数のテクストを取り込み、常に改変可能で、複数の著者同士あるいは著者と読者がインタラクティブに関与し、他の情報源とリンクされた、テクストの「オープン化」こそ、新しい書籍の方向性だと考えられた。こうした状況を踏まえて、これらの新しい要素を取りこむことができる「電子ブック」の可能性について、一九九〇年代後半になってから、出版界にとどまらず広く国内外の知的サークルで盛んに議論され、様々な試作品も制作された(8)。国内のこうした論議の拠点的役割を果たした雑誌に一九九七年発刊の『季刊・本とコンピュータ』があったが、そこでの論議の中心は、本の「次に来るもの」であり、「本の電子化」ではなかった。しかし、実際にはそのような新しい可能性の議論はいつのまにか下火となり（二〇〇五年の同誌終刊はそれを象徴している）、パッケージとしての紙の書籍を同じようにパッケージ化されたデジタル形態に変換することを主眼とする二〇一〇年の「電子書籍元年」を迎えるのである。

その背景には、電子ブックに求められた多くの機能がグーグルやフェイスブックなどに代替された（と思われた）ことや、これまでの出版社のビジネスモデルを大きく変えてしまう状況に至ることが懸念されたこと、電子ブックに関する議論がハイブロウな概念論あるいは技術可能性論に重点が置かれ(9)、それによって何を読みたいか、何を実現したいか、という一般の著者や読者のニーズを十分把握できなかったことなどの理由が考えられる。しかし実は、汲み取るべき新しい電子ブックへのニーズは、九〇年代よりずっと以前、例えば一九八〇年に出版された田中康夫の『なんとなく、クリスタル』にすでにその萌芽があったのではないだろうか。出版当時は、文中のレストランやブランド品に対する註の多さ、スノッブな風俗描写などが話題になっていたが、それらはまさに「複数のテクストを取り込み、常に改変可能で、著者と読者がインタラクティブに関与し、他の情報源とリンクされた」テクストのオープン化を求めていたのである。ただ、当時はそれを実現する技術・情報環境がなかった。

そして、このようなニーズは、一般書よりもむしろファッション、料理、旅行その他多くの一般雑誌にこそ顕著であり、その意味で電子ブックが先ずめざすべきは、電子「ジャーナル」だった。しかし皮肉にも日本では「電子ジャーナル」というとき、学術系のデジタルジャーナルに限定されてしまい、出版社が取り組むべき電子ブックの主戦場は電子「書籍」となったのである。

## 3　「電子・書籍」の居心地の悪さ

一九九〇年代・二〇〇〇年代初期には、eブック、デジタルブック、電子本など様々な名称で呼ばれていた電子ブックが[10]、二〇〇〇年代後半以降徐々に「電子書籍」の名称に集約されるようになった。どこまでが意図的で、どこまでが偶然の要因によるのか、それは明白ではないが、少なくとも出版界の中ではその方向性ははっきりしていた。そこには、浮遊して流れているデジタルの世界を、書籍という既存のパッケージの世界になんとか閉じ込めようとする思いが反映していたのではないだろうか。オープン化とはまったく逆の、言わばクローズド化の方向である。

そうなった理由は幾つかあるだろう。様々な情報や知識をひとつの主題のもとに編成し、統一的なテクストとそれを体現する作品をつくりたいとする著者や編集者の志向性があることは確かだ。しかしそれ以上に大きく影響しているのは、出版コンテンツでどのようにコストを回収し利益を上げるかというビジネスモデルの問題である。コンテンツを継続的に提供することでビジネスが成り立つ学術系電子ジャーナルのような契約モデルが、小説を含めた一般書のデジタルコンテンツで成り立つのは難しい。コンテンツを書籍というモノに封じ込めてこれまで販売してきたのと同様に、デジタルコンテンツもパッケージ化することで従来のビジネスモデルを適用できると考えたのは不自然なことではない。何より重要なことは、紙の本が一冊ずつ数えられるように、電子書籍も一点、二点というように「単位」があることだ。それは、モノの販売にとって不可欠の前提なのである。それに対して、複数のテクストと交錯し、様々なコンテクストの中でテクストが生成されるオープンなデジタル書籍は、どこからどこまでがひとつの単位であるのかさえ判然とせず、そのビジネスモデルの構築は困難であった。

このように、現在の一般的な電子書籍という器における電子と書籍の出会いは、それぞれの長所を引き出す相乗効果を生むよりも、むしろお互いにその個性の発揮を抑制し、何とか折り合いをつけて同居する形になっているように思われる。しかし、このような状況は様々な局面でほころびを見せ始めている。マイクロコンテンツ化の動きがそのひとつだ。

デジタルコンテンツ化された電子書籍は技術的にはあらゆる部分（マイクロコンテンツ）に分割可能であり、章・節単位から段落、そして特定の文章、単語まで、そのレベルも自由である。小説やストーリーマンガ類を除き、最初から最後まで読まなければならない書籍は実はそれほど多くない。しかし紙の書籍の場合は、その一部を読むためにもパッケージ全体を購入するしかなかった。電子書籍も同じようにそれぞれ個別のパッケージとして販売されているが、デジタルコンテンツの特性を生かして、複数の電子書籍から共通するテーマのマイクロコンテンツを抜き出して利用したいというニーズが今後高まってくることは確かだ。参照文献としての信頼性等を別として、必要な項目だけ引けばいいウィキペディアに慣れた人たちに対して、その大半は将来にわたって引くことのない項目で成り立っている分厚い紙の百科事典を買わせるのは、もはや至難の業なのである。

# 第三節　公共図書館にとってのデジタルアーカイブ

## 1　デジタルアーカイブという選択

図書館にとっての電子図書館（本章第一節）と出版社にとっての電子ブック（第二節）は、実はパラレルな関係にある。図書館／蔵書、出版社／出版物という強固なペアによる既存の制度的枠組みにとって、テクストのオープン化、テクストとコンテクストの混在化を引き起こす電子図書館や拡張された電子ブックのようなデジタルコンテンツの世界は、それ本来の性質を保持したまま取り込むことが難しい言わば異物であり、貴重書のデジタルコレクションやパッケージ化された電子書籍という、従来の蔵書や出版物の概念的枠組みに組み込むことによって、ようやく扱うことが可能になったのである[11]。それでも、日本の公共図書館では、電子書籍は「蔵書」にはなりにくい、なるべく扱わずに済ませたい面倒なものであり、それが実際の普及度にもはっきりと反映している[12]。日本の公共図書館におけるこうした電子書籍の普及度の低さは、図書館や図書館員が流行に乗り遅れているというような表面上のトピックではなく、公共図書館の在り方に関わるもっと根本的な問題なのである。

このようなデジタルコンテンツと公共図書館の相性の悪さを根本的に変革するためには、これまでの公共図書館の制度的枠組み自体を見直す必要があるが、果たしてそれが日本の公共図書館のめざすべき方向かどうかは、きちんとした議論が必要だろう。そして、同じことが、出版社と新しい「本来の」電子書籍との今後の関係にも言えそうである。むしろ、新しい酒（デジタルコンテンツ）には、新しい革袋が必要かもしれない。それがデジタルアーカイブである。

デジタルアーカイブに言及するとき、図書館と電子図書館、紙の書籍と電子書籍の関係を論じたときと同じ問題、つまりアーカイブとデジタルアーカイブの関係を考えないわけにはいかない。デジタルアーカイブはアーカイブがデジタルコンテンツの世界に対応した発展的形態なのだろうか。それとも、基本的に違う原理で構築されるものであろうか[13]。

この問題は第六章で改めてきちんと論じることにするが、筆者の考えでは、本来の電子図書館や電子書籍が従来の図書館や書籍の歴史的発展形ではないのと同様、おそらくデジタルアーカイブはアーカイブとは別のものなのである。歴史的に見て、デジタルコレクションや電子ジャーナルの利用などその一部に電子図書館機能をもつ図書館は少なくないが、蔵書をベースにした図書館が発展してできた丸ごとの電子図書館がないように、史資料をベースにしたアーカイブがデジタルアーカイブにすっかり変身した事例は今のところないように思われる。かつてそれは過渡的な問題であり、資料のデジタル化予算やシステム経費がふんだんに投入され、組織や制度が変われば、いずれは壁のある図書館が壁のない図書館に生まれ変わると考えられたこともあった。しかし、アーカイブの資料をどれだけデジタル化しシステム化しても、それはアーカイブのデジタルコレクションやシステムであり、デジタルアーカイブとはなりえないのではないだろうか。つまり資料というモノ一点ずつの単位の集積を基盤とする図書館、博物館、文書館、各種資料館と、どのようなセグメント化も、逆に統合化も可能な、単位のないデジタルコンテンツを基盤とするデジタルアーカイブの構成原理は根本的に違っているのである。

デジタルアーカイブがアーカイブから発展してきたものでないとすれば、それはどこから生まれてきたのだろうか。コンピュータの発達によってデジタルコンテンツが扱えるようになった、つい最近の発明なのだろうか。

おそらくそうではない。知識の普遍性を信じ、それを世界中から収集・集積する一方で、分析・最小単位化し、さらにそれを結合・組織化して新たな知識を創造しようとした十七世紀のライプニッツの普遍記号学は、しばしば現代のコンピュータ科学の祖と言われる。その彼がデジタルの原理である数学上の二進法の発明者であることは偶然ではない(14)。そして現在のデジタルアーカイブを成立させているほとんどの理論的要素が彼の普遍計画の中で既に用意されているのである。デジタルライブラリーの思想もそこから生まれたと言っていいだろう。本や美術品、文書やレコードなどのモノからデジタルへの変換よりも、デジタルコンテンツをデジタルのまま集積・組織化する方が容易であることは明らかだ。そしてデジタルコンテンツだけを対象とすることになれば、デジタルライブラリーとデジタルミュージアムの違いは意味がない。今や電子図書館という言葉が死語に近くなり、それらが「デジタルアーカイブ」に概念的にも実質的にも集約されつつあることに不思議はないのである。

## 2　デジタルアーカイブの基本原理

「デジタルアーカイブ」が月尾嘉男東大名誉教授による日本発の和製英語であることは広く知られている(15)。そして今や海外の文献でも digital archive は一般的に使われており、その意味で日本は理念的には先鞭をつけたと言ってもいいだろう。また実務面でも企業を中心とするデジタルアーカイブ推進協議会が一九九六年に設立され、政府も主にＩＣＴ・コンテンツ産業振興の観点からデジタルアーカイブの普及策に取り組んだ(16)。こうした取組は一定の成果を上げたが、二〇〇五年の同協議会解散に象徴されるように、次の段階に発展する前に、社会的に沈静化してしまい、デジタルアーカイブの言葉も、主に博物館・美術館の収蔵品のデジタル化を指すことに限定されるようになってしまった印象が強い。こうした経緯の詳細についてここでは論じないが、「アーカイブ」の概念や機能すらほとんど理解されていなかった当時の日本社会において、早すぎる取組だったのかもしれない。

こうした状況が変わってきたのは、皮肉なことに協議会解散後の二〇〇〇年代も後半になってきてからで、十年前には一部専門家や関係者だけが使っていたアーカイブやデジタルアーカイブという言葉が、今や普通に雑記事や文化施設などに使われるようになり、現実のアーカイブやデジタルアーカイブを目にすることも多くなってきた。そのような状況になってようやく、アーカイブとデジタルアーカイブの構成原理の違いもはっきりしてきたように思われる。すでに指摘した、モノとデジタル、パッケージ性とネットワーク性の対比に加えて、資料一点ずつの独自性（singularity）を重視する立場とデジタルコンテンツとして世界中の知識とつながっていく普遍性（universality）重視の立場の違いがある。もちろんこの二つの立場は矛盾するものではないが、どちらの観点から対象とする知識を見ていくかによって、アーカイブ化（アーカイビング）の方向は異なってくる。

現実のデジタルアーカイブには、分野別、目的別、地域別、組織別など様々な種類があり、それらは別個に運営されている。しかし、原理的には、それらはネットワークでつながり、国単位で考えれば仮想的なナショナルデジタルアーカイブを構成していくものと考えられる。

その意味では、グーグルは世界的規模の情報の普遍性を追求した、そして世界中の誰でもがアクセス可能な世界初のデジタルアーカイブと言えるかもしれない。しかしそのようにグーグルをデジタルアーカイブと言ってしまうことに若干の戸惑いを感じるのは、ＥＵが主体となって構築したEuropeana(17)や、それを見習って米国の研究図書館、ミュージアム、そして公共図書館などが中心となって立ち上げたＤＰＬＡ(18)（Digital Public Library of America）との違いに気がつくからである。その原因は、後者によって提供される情報・知識の信頼性とストック機能の保障にあると思われる。その一方で、世界的な規模の知識の集積とそれに対するオープンなアクセスの保障という点では共通するものがある。これは米国の民間非営利団体が運営するインターネットアーカイブ(19)でも同じことだ。

こうした知識の普遍性を求めるデジタルアーカイブと、「地域に根ざした」活動を標榜する公共図書館との間に接点はあるのだろうか。

## 3　公共図書館におけるデジタルアーカイブ

「デジタルコンテンツと公共図書館の相性の悪さ」についてはすでに述べた。それでは、デジタルコンテンツをベースとしたデジタルアーカイブと公共図書館は相容れないものなのだろうか。ある意味、そのとおりかもしれない。これまで公共図書館が地域で果たしてきた歴史的役割から離れて、公共図書館がデジタルコンテンツをベースに機能する組織に変わっていくという選択肢はあまりありそうにない。公共図書館とデジタルアーカイブは別の構成原理から成り立っており、それぞれ別の方向で発展をめざしていくものと考えられる。しかし、だからといって接点がないわけではない。

公共図書館の蔵書が一冊ずつの資料というモノに拠っているとしても、それらは蔵書全体としては人類の築き上げた知識総体を出来る限り反映させようとしており、その前提には、知識の普遍性がある。図書一冊ずつは、それだけ見れば知識の断片化とも言えるが、図書館はコレクション形成を通じて、それを統合化しようとしてきたのではないだろうか。その点では、むしろ個別の目的で構築された各種デジタルアーカイブの方が、対象とするコンテンツの知識分野が限られており、それらがネットワーク化されることで、ようやく普遍性を担保されるのである。

このように、知識の普遍性の確保とそれに対する市民のアクセスを保障しようとする視点をとれば、公共図書館とデジタルアーカイブは目的を同じくする部分があることになり、機能原理が基本的に異なっていても、それぞれの役割を演じながら両者が協同して目標に向かうことはできるはずだ。そして、その具体的な協同分野の例として地域文化資源のデジタルアーカイブ化があるように思われる。

公共図書館が立地する各地域には固有の文化・生活・産業等があり、その活動が生み出す様々な情報・知識がある。それらは、地域雑誌やチラシ、リーフレットなどの紙資料の場合も、録音記録や写真、動画の場合もあるだろう。また、近年ではそれらの多くはネット上で作成・流通している。こうした資料の収集に熱心に取り組んできた図書館もあるが、一般には図書館の主要な収集対象は商業出版物や行政資料だった。こうした地域資料は、発生範囲や関心のある利用者が限られるため、普遍的知識を目指す図書館にとっては周辺的であり、モノとしての地域資料は形態的にその保管が難しく、その多くが保存されずに廃棄され・消失してきた。こうした地域特有の資料・デジタル情報をデジタルアーカイブ化し、全国的にネットワーク化することによって、地域発の知識の普遍化が可能になるはずである。そのような活動を公共図書館が支援することは、蔵書の貴重書をデジタルコレクション化する以上に、「地域に根ざした」情報・知識交流の場としての図書館の目的に沿うものと思われる。

## おわりに

電子書籍や電子図書館、そしてデジタルアーカイブが、従来の書籍や図書館の枠組みには収まり切れない、別の可能性をもつことを示してきた。しかしそのことは、公共図書館にとってそれらが無用のものであることを意味するわけではない。別の論理に基づくものとして理解することによって、図書館や蔵書という既存の枠組みに無理やり押し込めるのではなく、むしろその可能性を開放し、それらと共存・連携することが、公共図書館の新しい可能性を開いていくのではないだろうか。デジタル世界の持つオープン性こそ、「公共」図書館の重要な要素である正当性・公開性・公平性・普遍性につながるものだからである。

注

（1）『情報の科学と技術』二〇一五年九月号では、電子資料の増加と情報インフラ整備がコレクションに与える影響をテーマに「特集：コレクション構築の現在」が組まれている。

（2）例えば千代田図書館ではサポーターズクラブと共に内田嘉吉文庫や内務省検閲本といった貴重な資料群を発掘、展示や講演会を開催し、最終的にはその成果を冊子体にまとめたりした。（柳与志夫『千代田図書館とは何か——新しい公共空間の形成』ポット出版、二〇一〇）

（3）札幌市立図書館では、地元の出版社とともに「（社）北海道デジタル出版推進協会（ＨＯＰＰＡ）」を立ち上げ、電子化を行なった。（浅野隆夫「地方の図書館で進める電子書籍の可能性」「アーカイブ立国宣言」編集委員会編、福井健策・吉見俊哉監修『アーカイブ立国宣言』ポット出版、二〇一四、一六九—一七八頁）

（4）「国会図書館と公共図書館が別個に電子データを入手し管理するよりも一元化するほうが合理的」（歌田明弘『電子書籍の時代は本当に来るのか』ちくま新書、二〇一〇、一七六頁）だとして、国立の電子書籍を扱う図書館に電子書籍情報が集約されてしまうという懸念の声があがった。

（5）一八八五年に国際書誌学会を設立、二人は欧米全域の国際書誌編纂事業を行い、一九〇七年に「ドキュメンテーション」という語を会議の名称で用いた。（岡村敬二、「世界書誌の夢——オトレとラ・フォンテーヌの世界宮殿」『大阪府立図書館紀要』第二九号、一九九三、三三—四九頁、上田修一・倉田敬子編著『図書館情報学』二〇一三等）オトレは「世界図書館」を含む学際的な交流拠点「ムンダネウム」の構想を抱き、ル・コルビュジエ

に設計を依頼している。（ル・コルビュジエ、オトレ、山名善之訳『ムンダネウム』筑摩書房、二〇〇九）

（6）ヴァネヴァー・ブッシュの"As We May Think"は「人の思考のように：Memex」（『情報学基本論文集一』勁草書房、一九八九）や「われわれが思考するごとく」（『思想としてのパソコン』ＮＴＴ出版、一九九七）で読むことができる。

（7）米国議会図書館のビリントン館長（当時）は電子ネットワークの発展に伴い学校・図書館、ひいては家庭までを結び付ける「壁なき図書館」構想のため、大幅な機構改革を行った。千代正明「ビリントン館長四年半の戦い」『カレントアウェアネス』No. 159, 1992. 11. 20（http://current.ndl.go.jp/ca838（二〇一六年一〇月二日アクセス））

（8）「電子書籍コンソーシアム」による通信衛星の回線からの電子書籍配信やヘッドマウントディスプレイによる立体的な検索、「本とコンピュータ」編集室によるオンデマンド出版実験「HONCOon demand」、グラフィックデザイナー松本弦人氏が中心となったBCCKS等、配信方法からデザインに至るまでさまざまな試みが行われた。

（9）ソーシャルリーディングやヴァーチャルリアリティとの連動等の検討、読書がもたらす体験や書籍が文化に対して担う役割の変化についての議論がなされ、紙媒体の書籍と電子媒体の書籍がしばしば対比させられた。（佐々木俊尚『電子書籍の衝撃』ディスカヴァー携書、二〇一〇・赤木昭夫『書籍文化の未来――電子本か印刷本か』岩波ブックレット、二〇一三等）

（10）「電子書籍」の名称の変遷については村瀬拓男『電子書籍の真実』マイコミ新書、二〇一〇や西田宗千佳『電子書籍革命の真実』エンターブレイン、二〇一〇、歌田 前掲書等でうかがうことができる。

（11）ここで注意しておきたいのは、紙の書籍のテクストがすべて閉じられており（オープンでない）、デジタルコンテンツがすべてオープン化しているということではない。あくまで程度の問題であり、書籍のテクストが「読み」を通じてコンテクストとつながる点についてはしばしば論じられるところである。

（12）公共図書館を対象とした電子書籍サービスの現況についてのアンケートでは、約九三％が電子書籍の貸し出し等を実施していないと回答している。また未実施の施設での今後の予定についてでも、約七九％が電子書籍サービスを実施する予定はないと回答している。（植村八潮ほか『電子図書館・電子書籍貸出サービス調査報告二〇一五』ポット出版、二〇一五）

(13) アーカイブとデジタルアーカイブについても「アーカイブズとデジタルアーカイブは、類似した言葉であるので、却って新旧の保守と革新という隔たった認識を作ってしまう」（影山幸一「忘れ得ぬ日本列島　国立デジタルアーカイブセンター創設に向けて」岡本真・柳与志夫責任編集『デジタルアーカイブとは何か』勉誠出版、二〇一五、八頁）と指摘され、『デジタルアーカイブとは何か』でも第一章で「アーカイブからデジタル・アーカイブへ」という項目でアーカイブとデジタルアーカイブとの関係が検討されているほか、後藤真「アーカイブズからデジタル・アーカイブへ――「デジタルアーカイブ」とアーカイブズの邂逅」（NPO知的資源イニシアティブ編『アーカイブのつくりかた――構築と活用入門』勉誠出版、二〇一二）や森本祥子「（コメント三）伝統的アーカイブズとデジタルアーカイブ――発展的議論を進めるために」（『アーカイブズ学研究』一五号、二〇一一）などでも、関係性が整理されている。

(14) ライプニッツは「日常的使用のためではなく、深い思索のために考案」した「すべての数を一と〇とによって表す驚くべき表記法」（一六九六）によって、現在のコンピュータの基礎原理である二進法を確実なものとした。（黒崎政男「コンピュータからみたライプニッツ」酒井潔ほか編『ライプニッツ読本』法政大学出版局、二〇一二・内井惣七『ライプニッツの情報物理学』中公叢書、二〇一二等）

(15) 影山幸一「デジタルアーカイブという言葉を生んだ「月尾嘉男」」artscape (http://www.dnp.co.jp/artscape/artreport/it/k_0401.html（二〇一六年一〇月二日アクセス）

(16) デジタルアーカイブ推進協議会は文化庁、通産省（のちの経済産業省）、自治省（のちの総務省）が支援し、通産省は一九九八年から一九九九年にかけて補正予算事業で「先導的アーカイブ映像制作支援事業」（予算二〇億円）を実施した。二〇〇一年には内閣府が「世界最先端のＩＴ国家となること」を目指して「e-Japan 重点計画」を立案、その後も「ＩＴ政策デジタルアーカイブパッケージ二〇〇五」「重点計画二〇〇七」「i-Japan 戦略二〇一五」等、毎年情報化推進の施策が発表された。

（17）http://www.europeana.eu/portal/（二〇一六年一〇月二日アクセス）Europeanaについては、古山俊介「Europeanaの動向――「欧州アイデンティティ」および「創造性」の観点から」『カレントアウェアネス』No. 314、2012. 12. 20（http://current.ndl.go.jp/ca1785（二〇一六年一〇月二日アクセス））を参照。

（18）https://dp.la（二〇一六年一〇月二日アクセス）米国デジタル公共図書館については、塩崎亮・佐藤健人・安藤大輝「米国デジタル公共図書館（ＤＰＬＡ）の過去・現在・未来」『カレントアウェアネス』No. 325、2015. 9. 20（http://current.ndl.go.jp/ca1857（二〇一六年一〇月二日アクセス））を参照。

（19）https://archive.org（二〇一六年一〇月二日アクセス）インターネットアーカイブについては、時実象一「デジタル・アーカイブで世界をリードするInternet Archive最近の動向」『情報の科学と技術』第六六巻第九号、二〇一六を参照。

# 第六章　デジタルライブラリー論再考——その系譜と文脈

## はじめに

これからのデジタルアーカイブの発展と、その基盤となる制度や理論のあり方を考えるためには、現在のデジタルアーカイブ（論）が過去のどのような理論と実践を受け継ぎ、あるいは受け継がなかったのかを見ておく必要があるだろう。その場合、歴史的文脈の中で事実を丹念に追っていく方法もあるが、本章では理論的文脈の中で二つの代表的な電子図書館を論じた書籍を取り上げ、その対比をしながらデジタルアーカイブへの接続と断絶を考えることにしたい。なぜなら、デジタルライブラリーからの発展形としてデジタルアーカイブを考察することが、最も理論的に適合すると考えるからである。そして、その対象となる文献の一つは、長尾真『電子図書館』[1]であり、もう一つはウィリアム・F・バーゾール『電子図書館の神話』[2]であるが、奇しくも両書とも一九九四年に出版されており、偶然とは言えない時代の潮流がある。

ところで、その前にこのような方法でデジタルアーカイブの系譜を論じることに幾つか疑問が生じるかもしれない。

そのひとつは、「アーカイブ→デジタルアーカイブ」への発展ではなく、なぜ「電子図書館（デジタルライブラリー）→デジタルアーカイブ」という、ある意味でねじれた展開を対象にするのかということである。デジタルライブラリーについては、ライブラリーからの発展としての観点から考察することが理論的に素直な道筋だとすれば、アーカイブの発展形としてデジタルアーカイブを考察しないのは奇妙に思われるだろう。しかし実際には、図書館から電子図書館への展開を論じた文献は国内外に数多くあるが、その一方でアーカイブからデジタルアーカイブへの展開を本格的に論じたものは、国内はもとより、海外でも見当たらない(3)。そもそも「デジタルアーカイブ」が和製英語であることがそれを象徴している。そしてそれには理由がある（本章第三節第一項）。

またもう一つ、アーカイブが所蔵する文化資源からデジタル文化資源への転換・集積・編成という、デジタルアーカイブの構成要素（コンテンツ）の変化の観点からのアプローチが可能ではないか、という疑問があるかもしれない。確かに、アーカイブが所蔵する資料のデジタル化の結果としてのデジタルアーカイブを論じた文献や事例は少なくない。しかし本書では、デジタルコレクションの構築とデジタルアーカイブの構築は、前者が後者の前提となることは確かだとしても、次元の異なるものと理解したい。デジタルコレクションを持つアーカイブとデジタルアーカイブは同じではない。

アーカイブ、ライブラリー、デジタル文化資源、デジタルライブラリー等の諸概念の関係については、本書で別に論じるが、デジタルライブラリーからの発展形としてデジタルアーカイブを考察することによって何が明らかになるか、以下の節で見ていきたい。

## 第一節　「電子図書館」の理論構造

我が国で電子図書館を本格的に論じたものとしては、原田勝・田屋裕之編『電子図書館』（勁草書房、一九九九年）など幾つかあるが、本章で長尾真『電子図書館』を取り上げたのは、法制度や社会的問題、個別技術などの要素をそぎ落とし、最も純粋な形で電子図書館の構造を理論的・本質的に論じていると考えるからである。なお、それがどのような思想的背景のもとに論じられているかについては、同書の中ではほとんど触れられておらず、長尾の近著『情報学は哲学の最前線』（私家版、二〇一九年刊）に詳しいが、その点については本章第二節末で言及することにしたい。

### 1　電子図書館の成立要件

長尾は電子図書館の発展過程を二つのステージに分けている。第一のステージは、図書館所蔵資料のデジタル化、それも理想的にはすべての所蔵資料がデジタル化された状態である。本書初版が発行された時点（一九九四年）では、紙の資料のデジタル化が中心となっているが、その後の膨大なborn-digital情報の集積についても同じことが言えよう。しかし本章「はじめに」でデジタルコレクションの構築とデジタルアーカイブの構築は次元の異なるものと指摘したように、長尾も「電子図書館のあるべき姿はこのようなものではない」として、「理想的には人間頭脳のもつ知識とその活用の機能にできるだけ近い機能を持つシステムを作ること」（傍点筆者）が第二ステージの電子図書館の目標であるとしている。[4] このように想定された電子図書館像から、近年再注目されている人工知能（ＡＩ）への発展の道筋は明らかであり、むしろ電子図書館の実現こそが人工知能の前提になっているとも言えるだろう。そして長尾らが一九九〇年代前半に開発した実験的電子図書館システム「アリアドネ」[5]は第二ステージ電子図書館の諸機能を先取りしたものであったが、その後の本格的開発には至らなかった。その理由としては、本来なら国家プロジェクトとしてもいいような先見的取組であったにも関わらず十分な予算投入がなかったことなど政策的・社会的問題に加えて、第二ステージ電子図書館を可能にする基礎理論や要素技術はすでに当時でもかなり出揃っていたが、膨大なテキストデータの蓄積やそれを処理するコンピュータの性能が不十分であったこと、そして何より情報通信基盤がまだ整備されていなかったこともその背景にあると考えられる。そのことは長尾も強く意識しており、「ただ、一五年前にくらべて大きく変わったことがある。それはインターネットの想像以上の発展である。[6]」と述懐している。

長尾は同書全体を通して電子図書館（第二ステージ）の核となる要件として、以下の五つを考えているように思われる。それは、①大容量・高速のデータ通信を可能にする情報インフラストラクチャアの整備、②「メディアを変換し、その組み合わせを環境に応じて変えることによって最適なコミュニケーションを達成しようとする」[7]マルチメディア性の確保、③対象とする情報単位のマイクロ化と構造化、④新しい「読書」[8]機能の開発、⑤分散協調ネットワークによるコンテンツの大量保管・保存システム、である。すぐわかるように、これらの要件は、現代のデジタルアーカイブにとっても基本となる要件と言えるだろう。

## 2　電子図書館と情報の構造化

同書初版が発行された当時と現在の大きな違いにインターネットの発展があることは前述した。それは単に通信基盤の発展にとどまらず、インターネット上にある膨大な量のデジタルコンテンツの存在についても言え、それらは日々大量に生産・追加されているのである。この点に関して、長尾はインターネットが電子図書館と呼べる内容をかなり持っていることは認めつつも、「理想的な電子図書館（前述の第二ステージの電子図書館のこと：筆者注）とは、単に図書や雑誌論文などを電子形態で持っているだけのものではなく、それらの情報に構造を導入することによって高度な検索を行い、柔軟性のある情報提供を行う」[9]（傍点筆者）ものであり、その意味で、インターネットはまだその入り口にとどまっているとしている。それでは、電子図書館が実装すべき情報の構造化とはどのようなものだろうか。

長尾は電子図書館において収集・保管・提供する情報の単位は何かという問いを発する。個別の図表や統計データは単位としてはわかりやすい。しかし図書館時代と異なり、文字情報については一冊の図書・電子書籍のコンテンツ総体が情報の単位でないことは確かである。それでは、それを本のたとえでいえば章・節・項・パラグラフと細分化（マイクロコンテンツ化）していったとき、どのレベルで止まるのだろうか。原理的には、文（sentence）、句（phrase）、単語（word）までありうるが、実際には利用に合わせた単位（の組み合わせ）での出力となり、コンピュータ上のコンテンツ格納の単位とも異なるだろう。一冊の本に含まれるマイクロコンテンツにとどまらず、それ以外の同じテーマを有するコンテンツ群[10]（他の本やあるテーマで編成されたインターネット情報源など）内のマイクロコンテンツとのクラスター化やリンク付けも必要となってくる。

文字だけでなく、数値データ、音声、画像、動画等に関して、どのような基準でどこまでマイクロ化し、単位化できるか、それらのタグ付けはどうするかなどの諸課題についても、その解決の方向性について長尾はすでに言及しているが、[11]本格的な取り組みは理論的・技術的にもまだこれからと言えよう。

こうしたいわば分解・整序の過程（マイクロコンテンツ化）は、あくまで電子図書館にとって利用するための前提条件に過ぎない。利用目的に沿って適切なマイクロコンテンツを引き出し、それを構成して「読める」状態にする必要がある。そのための検索方式については、長尾は従来の書誌事項検索や全文検索に加えて、階層構造検索の有効性を提唱している。[12]さらに情報の組織化について、概念の関係性（上位・下位、部分・全体、原因・結果など）を表現するための、キーワードによるクラスタリングや、従来の図書館分類のような静的・固定的なツリー構造だけではなく、動的・可変的なグラフ構造をもつ新しい分類方式の必要性にも言及している。[13]そうした情報構造化を図ることによって、電子図書館を利用して表示されるテクストでは、図書のようにひとつの流れに沿って順番にテクストが表示されるリニアーなものではなく、複数の関連するテクスト（コンテンツ）が同時に表示されるハイパーテクストが可能になると考えられている。[14]

このように、同書で提示されている情報構造化の課題と取組は、古びるどころかそっくりそのまま現在のデジタルアーカイブが取り組むべき課題となっている。

## 3　電子図書館の機能

前項で見たような仕組みを基盤に、電子図書館はどのような新しい機能・サービスを提供するのだろうか。従来の図書館が果たしてきた役割を六つ挙げたうえで、それを発展的に受け継ぐ形で長尾は大きく以下の五つの機能を挙げている。[15]それが前提とするのは第二ステージの理想の電子図書館ではなく、既存の図書館から第一ステージの電子図書館に向かう過程のイメージのように思われる。

① 図書資料収集
② 図書資料データベース管理
③ 図書資料サービス
④ メディア変換サービス
⑤ 電子読書機能

①については出版物の収集を中心に、そのOCR入力、イメージ入力、音声・音楽入力などのデジタル化作業とそのSGML化など電子図書館としてのコンテンツ作りが挙がっている。インターネット情報源の収集については記載がなく、「所在情報」と控えめだが、本書初出から四半世紀が立った公共図書館やミュージアムの現状を見ても、いまだに妥当な線かもしれない。

②に関しては、分野別・メディア別の一次情報データベース（デジタルコンテンツという意味だろう）、二次情報の抽出、リンク付け等が挙げられ、デジタルコンテンツの整備と組織化が主眼となっている。

③では、参考図書・所在情報データベース、情報探索機能、対話機能等があり、利用者の検索行動やインターフェイスを支援する機能が挙げられている。

④については、翻訳機能、自動朗読機能、点字文字変換機能などあり、ひとつのコンテンツを様々なメディアで提供する機能となっている。

そしてようやく⑤になって、電子図書館らしい、辞書参照機能、しおり挿入・付箋機能、メモノート機能が出てくるが、電子図書館の方向性を論じた本書全体のトーンからすると、当時の（そして残念ながら現在の）図書館・博物館・文書館の現状を踏まえた、現実的な記述となっている。逆にここから出発して、第一ステージ、第二ステージの電子図書館をめざすべき道筋が見えてくると言えるかもしれない。これら①〜⑤の機能がすべてデジタルベースになった時、それは理想的なデジタルアーカイブが果たすべき機能でもある。

## 第二節　「電子図書館」のイデオロギー

長尾の『電子図書館』が、電子図書館機能の理想を理論的に追求したものとすれば、バーゾールの電子図書館論は、それが論じられ、実現が求められる社会的文脈を明らかにしたうえで、電子図書館の可能性を考えようとしたものと言える。また、その議論の過程で、電子図書館には引き継がれない重要な図書館機能を見出そうとしている。[16]電子図書館（論）に批判的立場からの議論を展開しているという意味で、電子図書館を考えるうえでの別の重要な視点を提示している。

### 1　電子図書館化の社会的背景と電子図書館像

バーゾールの電子図書館論が拠って立つ基盤は最初から明示されている。「ここ半世紀の間に、神話破壊者や神話創造者たちは電子図書館という神話をつくり出し、これを最近まで近代ライブラリアンシップの支配的神話であった場所としての図書館という神話に置き換えようとしている。[17]」ということである。

米国で公共図書館が成立して以来、一九六〇年代ぐらいまでは「場所としての図書館」が図書館の社会的イメージ一般を形成していたとし、バーゾールはその特徴を以下の一二点にまとめている。[18]

①　組織上の基盤は、公共図書館
②　中核となる資源は、印刷資料コレクション
③　各図書館は、自律的な単位
④　ライブラリアンシップという専門職の制度的基盤の上で機能
⑤　図書館の目的は、多元的で曖昧
⑥　政治イデオロギーとしては自由主義
⑦　コミュニティ志向
⑧　あらゆる人々へのサービスを志向
⑨　満たすべき社会的ニーズは、知識の組織化
⑩　知識は、無料で利用されるべきで、それが公益
⑪　ライブラリアンシップの知的基盤は、人文学と社会科学
⑫　社会的・文化的要因が、（図書館の）変化のはずみ

すぐわかるように、これらの特徴はやみくもに挙げられたものではなく、電子図書館との対比を最初から意識して整理されていると思われる。

バーゾールは、「場所としての図書館神話」から「電子図書館神話」への移行にあたっての重要な要因として、一九七〇年代以降喧伝されてきた情報社会が機能するためには膨大な情報を効果的・効率的に処理・利用するこ

とが前提となるが、「物体としての図書が効率的な情報伝達手段となっていない[19]」という情報専門家たちの批判を受けての、情報の「脱物質化」への動きを指摘する。その流れを明確に提示したのがランカスターの「紙なしシステム」である[20]。ここから出発して、この時期に大きく発展するコンピュータ技術や通信技術を用い、「壁のない図書館」「建物のいらない図書館」を通って「電子図書館」へ至るのは一本道だ。バーゾールは、「情報社会」概念と技術決定論が、電子図書館の神話創造の重要な社会的文脈であったとしている[21]。

バーゾールはさらに電子図書館神話化を進めた大きな社会的背景として、情報の経済価値への産業界の注目と、米国政府による科学技術政策への予算・人材の国家的傾注を挙げている。特に後者については、図書館の改革を主要ターゲットにしたものではないが、大統領科学諮問委員会によって発表された、「科学技術情報の入手可能性の改善」をテーマにした「ベイカーレポート」（一九五八年）や、科学・国家と同列で「情報」をそのタイトルに並べた「ワインバーグレポート」（一九六三年）に、図書館電子化への国家規模の関与の端緒を見ている[22]。

こうした社会的文脈を得て形成される電子図書館のイメージはどのようなものになるだろうか。バーゾールは明示していないが、本節冒頭に示した「場所としての図書館」の特徴一二点に対応する形で、同書全体を通じてバーゾールが考えていると推測される電子図書館の特徴一二点を以下に挙げてみたい。

① 組織上の基盤は、大学図書館とコンピュータセンターの融合した学術情報センター[23]
② 中核となる資源は、デジタルコレクション
③ 各図書館（学術情報センター）は、ネットワーク化される。
④ データサイエンティスト、ノレッジエンジニア、情報コミュニケーターなど情報科学を基盤とする多様な専門職の複合的機能

⑤ 図書館の目的は、情報提供で明確
⑥ 政治イデオロギーとしては、自立主義的自由主義(24)
⑦ 研究・産業志向
⑧ 知的職業向けサービスを志向
⑨ 満たすべき社会的ニーズは、情報の効果的・効率的入手
⑩ 情報は経済的価値があり、その一部は有料で提供される。
⑪ 情報専門職の知的基盤は、情報科学、認知科学などの自然科学・工学
⑫ 社会的要因に加え、経済的・政策的要因が変化のはずみ

このように対比すると二つの図書館神話の違いは際立つが、バーゾールはさらにその違いを成り立たせているイデオロギーとそれを具現化している図書館員像の違いに注目する。

## 2　電子図書館成立のためのイデオロギーとそこからこぼれ落ちるもの

バーゾールによると従来の公共図書館のイデオロギーは、保守主義と社会主義両方の要素を含む政治的自由主義にあるとする(25)。一方、電子図書館の依拠するイデオロギーは、「自律主義的自由主義」とされる(26)。同じ自由主義でも前者は個人主義的、後者は集団主義的という点で違いがあるとしている。この用語はシルズが定義したもの(27)だそうだが、バーゾールがそれで指そうとしている内容は様々な概念が混在しており、わかりにくく、それよりも本書末で提案されている、これからの図書館員が拒否すべき「電子図書館の神話を支える市場志向の新保守

主義的政治思想」[28]（傍点筆者）として理解していいだろう。なお、自由主義、保守主義、新自由主義など本書でも様々な政治思想の用語が用いられているが、必ずしも概念的に十分整理されているとはいえず、また政治学の中でも確定した定義があるわけではないので、政治思想の解釈に本章ではこれ以上立ち入らないことにしたい。ただ注目しておきたいのは「市場志向」という指摘で、一九八〇年代以降欧米、そして日本でも潮流となったネオリベラリズムとの関連も考慮されていいだろう。いずれにせバーゾールの何より重要な指摘は、情報技術志向で価値中立的に見える「電子図書館」にも、それを支える政治的・社会的背景があるということであり、それを具現化する図書館員の役割に注目したことである。

「場所としての図書館」におけるこれまでの、そしてこれからの図書館員の役割について、バーゾールは「人間志向」のサービス専門職として、セラピスト的役割を果たすことを重視している[29]。それでは電子図書館における図書館員の役割は何だろうか。そもそも第一節であげたような、長尾の考える第二ステージの電子図書館では、一般的意味での個人の図書館員は必要ないだろう。むしろ「情報志向」の電子図書館システムを維持管理発展させるための運営マネージャー、研究開発者、デジタルコレクション管理者、データ管理者などから成るチームでの運営となり、バーゾール言うところの「新しい形式の官僚制[30]」が必要になってくる。このことは奇しくも両図書館像の個人主義的側面と集団主義的側面との対比を示しているとも言える。

バーゾールが同書で最も強調したかったことは、「場所の図書館」から「電子図書館」への移行はけっして必然的なものではなく、また電子図書館に移しえない重要な役割が図書館、特に公共図書館に残るということであり、電子図書館を対比的に論じることで、これからの公共図書館像を示すことが主眼になっており、バーゾールなりの電子図書館論が同書で十分展開されているわけではない。しかし、技術志向的記述が多い電子図書館論に対して、それを政治的、経済的、社会的文脈の中に位置づけようとしたことに同書の大きな意義がある。

最後に長尾の電子図書館論についてひとつ言及しておかなければならないことがある。電子図書館の概要と今後の展望を明快な形で示そうとした『電子図書館』を読む限りでは、それがバーゾールの批判する電子図書館論の系列に一見入るように理解されかねないだろう。しかし、その背後には人間の思考や知識の在り方を、認識、言語、論理、ＡＩなど多岐の観点から探求しようとする「情報学の哲学[31]」が横たわっている。それはバーゾールが公共図書館に求める地域における知的役割の対極にあるような、しかしそれでいてけっして不整合にもならない、知識や思考の普遍性を追究する思想であり、電子図書館はその入り口に過ぎない。

## 第三節　電子図書館からデジタルアーカイブへ

二つの対比的な電子図書館論を考察してきた。それらは対立するわけではないが、希求すべき図書館像は大きく異なる。しかしその一方で、両書に大きく共通する要素がある。それは、そのことを肯定的に見るか否定的態度をとるかの違いはあっても、図書館からの発展形（あるいは移行形）のひとつとして電子図書館を捉えていたことである。それではなぜアーカイブやミュージアムから電子アーカイブや電子ミュージアムへの移行が素直に考えられなかったのだろうか。

### 1　アーカイブとデジタルアーカイブ

我が国ではアーカイブを論じる際に、公文書を集積する公文書館をさす場合と、より広範に歴史的記録を集積する施設をさす場合があり、さらに収集する史資料も、文書はもとより、写真や録音資料、映画、楽譜等あらゆる文化資源に拡大が可能である。そうなると美術品を集める美術館や科学標本を集める科学博物館と何が違うかということになる。確かに理論的に広義のアーカイブとミュージアムの境界を引くことは難しそうであり、歴史的・社会的展開の中で制度的な仕組みが出来上がったとすれば、ここでの議論ではそれらをあえて区別せず、「アーカイブ」という言葉でくくっておきたい。それよりもアーカイブと図書館の間に明確な境界がある。それは主たる収蔵品が一点もののオリジナル（例えば東寺百合文書やゴッホの「ひまわり」）か、最初から複製物（例えば印刷本）かという点の違いにある。[32]このことがアーカイブからデジタルアーカイブへの展開にとって、図書館から電子図書館への展開とは異なる大きな障害となったのである。

実際に美術館の「デジタルアーカイブ化」への試みは、我が国でも一九九〇年代半ばには始まっており、国立西洋美術館における収蔵品のデジタル化[33]は、二〇〇七年の長尾真館長就任以降にようやく本格的に取り組みが始まった国立国会図書館よりもずっと早かった。それではなぜそれが所蔵品のデジタルコレクション化にとどまり、現実的にも理念的にも美術館（あるいはアーカイブ）自体のデジタル化に進んでいかなかったのだろうか。そしてその答えは明白だろう。アーカイブにとって価値のあるものはあくまで一点しかない現物であって、デジタル化されたコンテンツは展示や研究に役立てるための複製物・代替品でしかない。デジタルコレクションよりも現物のコレクションに価値があるのだ。[34]アーカイブが仮にその収蔵品をすべてデジタル化できたとしても、現物を廃棄してデジタルアーカイブに移行することは本質的にできない相談であった。

それに対して、図書館の印刷本はすべて最初から複製物であり、たまたま本という物理的形態に制限されていたが、それらがデジタル化され、そのデジタルコレクションさえ便利に使えれば、極端なことを言えば元の本は廃棄しても構わないのである。つまり図書館が対象としているのは情報や知識であり、本はその仮の姿というわけである。著者の手書き原稿（オリジナルの一点もの）とその印刷物の関係があるではないかという反論があるかもしれないが、手書き原稿に対応するのはそれをそのままデジタル化した別の複製物であり（文学館のデジタルコレクション）、本として印刷されたのはあくまで原稿に盛られている知的生産物としての情報や知識なのである。

このように考えると、アーカイブが発展してデジタルアーカイブに移行するということは、理論的にアーカイブの本質が変わるということであり、史資料をデジタルコレクション化するのにとどまらざるを得なかったのが理解できる。一方図書館の蔵書をデジタル化してデジタルライブラリーに変わることは、情報・知識の収集・蓄積・保存・提供を本質的要素としている図書館にとって、その利便性を高めるという観点からも、ある意味で進むべき道であった言えよう[35]。そして、その後のアーカイブにおける born-digital 資料の増加に伴って、このようなデジタルライブラリーの考え方からデジタルアーカイブへの展開はほんの一歩だったのである。

## 2　デジタルライブラリーからデジタルアーカイブへ

第一節第一項の終わりで、長尾が電子図書館の柱と見なしていると考えられる五つの要件を挙げた。それを再度掲げると以下のとおりである。

① 大容量・高速のデータ通信を可能にする情報インフラストラクチャアの整備
② 「メディアを変換し、その組み合わせを環境に応じて変えることによって最適なコミュニケーションを達成しようとする」マルチメディア性の確保[36]

③　対象とする情報単位のマイクロ化と構造化
④　新しい「読書」機能の開発
⑤　分散協調ネットワークによるコンテンツの大量保管・保存システム

現代のデジタルアーカイブと呼ばれるシステムでは、この五要件はどの程度満たされているのだろうか。

①については、長尾が想像以上としているように、その後のインターネットの発展と近年の5Gを含めた関連技術の日進月歩の開発により、その基盤整備はかなりの程度まで進んでいると言えよう。②のマルチメディアについては、情報発信者側のメディアの多様性は進んだが、長尾が強調しているような情報の「受け手側」の自由度、つまりその場の都合に応じて適切なメディアに変換・組み合わせて出力することは、単純な音声読み上げ機能以外はほとんどできていない。また、発信者側のメディアの多様化が進んだと言っても、文字、音声、静止画像、動画などメディア毎の多様性であり、それらを組み合わせたマルチメディアでの提供はまだあまりできていない。③に関しては、情報単位のマイクロ化は、紙からのデジタル化コンテンツについては文章と図表の分離などの問題は残っているが、大量に日々生産されているデジタルコンテンツについては、技術的に難しい障害はないだろう。その一方で、それらマイクロコンテンツの組織化・クラスター化などの構造化については、それに基づく検索の高度化やオントロジーの適用などと合わせて、まだまだ解決すべき理論的・技術的課題は多い。

④の新しい読書機能の開発については、長尾が重視しているヒューマンインターフェイスの一部である画面上の編集性の四要素[37]や機械翻訳、音声読み上げなど、程度の差はあれ、ある程度実現している、あるいはさらなる向上が望める。また、長尾の『電子図書館』発行当時は技術的にはほとんど未開発であったウェアラブル技術や

VR・AR技術なども実用化されており、この分野ではかなりの進展があったと言ってもよいだろう。⑤に関しては、近年のクラウド技術や大容量メモリー媒体の開発によって、かなりの程度進んでいると言ってよい。

このようなマルチメディア関連技術、データ圧縮技術、通信基盤等の整備は、文字情報中心の初期の電子(デジタル)図書館(ライブラリー)が、アーカイブの持つ多様で大容量のデジタルコンテンツもそのコレクションに取り込み、デジタルアーカイブに発展することを可能にしたのである。

注

(1) 初版は一九九四年に岩波書店から出ているが、本章ではその後二〇一〇年に出た新装版をもとに論じる。
(2) 原著は一九九四年に Greenwood Press から出版され、その後一九九六年に根本彰らの訳で勁草書房から出されている。本章はこの翻訳書による。
(3) アーカイブと digital preservation, ontology などのデジタルアーカイブを構成する諸要因との関係を論じた文献は多数あるが、digital archive の概念自体は近年ようやく定着し始めたところと言えよう。
(4) 長尾真『電子図書館　新装版』岩波書店、二〇一〇年、v―vi頁。以下では、長尾、〇頁　とのみ表記する。
(5) アリアドネの概要については、原田勝「電子図書館 Ariadne について――検索機能を中心として」『情報処理学会研究報告情報学基礎（ＦＩ）』一九九五（45（1995-FI-037），三一―三六頁、一九九五年五月、を参照。
(6) 長尾、vii頁。
(7) 長尾、三〇頁。
(8) 音声や動画を受容する場合は「読書」とは言えないが、本書では受け手がマルチメディアによる情報伝達を受容・認識する機能を便宜上このように表現しておく。
(9) 長尾、一五頁。
(10) 本という物理的形態を与えることで、特定のテーマ・目的のために様々な単位のマイクロコンテンツが統合され一貫性を持って構造化されていたが、理想の電子図書館においてそれに代わる「統合的コンテンツ群」をまとめる何らかの形式が必要か、その都度テーマ・目的に沿ったコンテンツ群を形成すればいいのか、興味深い問題である。

(11) 長尾、七一―七六頁。
(12) 長尾、八九―九三頁。
(13) 長尾、四七―五五頁。
(14) 長尾、六五―六七頁。
(15) 長尾、七八―八一頁、図一三参照。
(16) バーゾールが本書で図書館という場合、そのイメージの中心は公共図書館であるが、大学図書館や専門図書館を除外しているわけではないので、本章での記述もそれに則って図書館という緩い記述のままにしておきたい。
(17) ウィリアム・F・バーゾール『電子図書館の神話』根本彰ほか訳、勁草書房、一九九七年、四頁。以下では、バーゾール、〇頁　とのみ表記する。
(18) バーゾール、八―九頁。
(19) バーゾール、二三頁。
(20) フレデリック・W・ランカスター『紙なし情報システム』植村俊亮訳、共立出帆、一九八四年、を参照。
(21) バーゾール、八三頁。
(22) バーゾール、三一―三三頁。
(23) バーゾール、一四五頁。
(24) バーゾール、一七四頁。その考え方については、第二項で取り上げる。
(25) バーゾール、一六一頁。
(26) バーゾール、一七四―一七九頁。
(27) 米国の社会学者・社会哲学者（一九一〇―一九九五）。

https://en.wikipedia.org/wiki/Edward_Shils（最終アクセス二〇一九年四月三〇日）

（28）バーゾール、二一五頁。

（29）バーゾール、第六章「セラピストとしての図書館員」を参照。

（30）バーゾール、一四一頁。

（31）長尾真『情報学は哲学の最前線』私家版、二〇一九年、九二頁。

（32）もちろん写真、映画、レコードなどのように、複製物ではあるが、一方でオリジナルプリントや原盤などのオリジナルとしての価値も持つ境界的なものもある。

（33）波多野宏之「国立西洋美術館」『デジタルアーカイブ白書二〇〇一』デジタルアーカイブ推進協議会、二〇〇一年、一五二―一五三頁、を参照。

（34）そこからさらに博物館資料の持つ「情報」に着目して博物館機能を組みなおそうとした梅棹忠夫の注目すべき提案がすでに一九八〇年代にあったが、ミュージアム関係者の間で一般化するには至らなかった。『メディアとしての博物館』（平凡社、一九八七年）参照。

（35）もちろん、バーゾールが指摘するように、すべての図書館機能が電子図書館機能に還元されるわけではなく、別の重要な役割が公共図書館などには残るだろう。

（36）たとえば、テレビニュースや討論会の議論内容を、そのまま文章化するのではなく、重複や無意味な個所は省き、文意が通じる形で読めるようにすることなど。

（37）マルチウィンドウ、アンダーライン・しおり・付箋メモ・カット＆ペースト等機能、論文作成機能、参照・検索機能の四つ。長尾、一〇五頁。

# 補論　対概念の関係について

本書では文化資源とデジタル文化資源、図書館（ライブラリー）とアーカイブ、図書館と電子図書館、アーカイブとデジタルアーカイブなど、様々な対概念が提示されている。ここにあげた個別の用語・概念自体は、専門学術用語ではなく、関連学会でも使用されるが、日常語でもあり、厳密に定義されたものではない。またデジタルアーカイブ等に関係する現実の進展に合わせて、それらの用語が含意する意味内容や指示対象も常に変化しており、個別の概念について現時点で厳密に定義することは難しく、また無益でもあろう。しかしその一方で、相互に関連の深い概念については、その関係性を整理しておく必要があるように思われる。さもないと同じことを別の用語で指示する、あるいは逆に違う内容を同じ用語で指示するという混乱を生じかねないからである。

そこで本書で使用している重要な対概念について、個別には関係する章の中で説明しているが、改めてその関係をここでまとめて図式的に整理しておくことにしたい。[1]

先ず概念Ａと概念Ｂ（それらが含む要素）[2]の関係について、論理的に以下の五つの関係が想定できる。

①　A＝B（AとBは同じ。同じことを違う観点で表現しているということだろうか。）
②　A⊂B（AはBに含まれる。）
③　A⊃B（BはAに含まれる。）
④　A∩B（AとBの積集合）
⑤　A∪B（AとBの和集合）

これに論理的とは言えないが、事実問題として以下のケースもありうる。

⑥　AからBへ移行する。（ここでは便宜的にA→Bとするが、含意記号の意味ではない。）

この六つの関係性の観点から、本書で重要な役割を果たす以下の概念の関係を整理する。

①　文化資源とデジタル文化資源
②　書籍と電子書籍
③　図書館とアーカイブ
④　図書館と電子図書館
⑤　アーカイブとデジタルアーカイブ
⑥　図書館とデジタルアーカイブ
⑦　デジタルライブラリー（電子図書館）とデジタルアーカイブ

## 1　文化資源（A）とデジタル文化資源（B）

文化資源について、広義には「文化的・社会的活動によって生じた成果物（モノ、人材、制度、情報・知識）を保存・組織化し、公共的に再利用可能とした資源」と理解されるが、本書はその中でも「情報資源」としての側面を強調している。したがって本来は文化情報資源とするべきであるが、便宜上文化資源で文化情報資源を指している。

ここで言う「情報資源」とは、情報が、①組織化（あるルールによる秩序化）されている、②何らかのメディアに定着されている（電子化を含む物質化）、③原則、誰にでも利用できる（一般公開かメンバー限定か、有料か無料か、は問わない）、④資源化を担う個人または組織が存在する（価値化の保障）、⑤ある程度の恒常性を保障する仕組みとそれに基づく信頼性がある（安定性）、⑥それを利用して新たな価値を創造することができる（再資源化）、の六要件を満たしていることを意味する。[(3)]

デジタル文化資源は、このような文化資源（文化情報資源）のうち、デジタルコンテンツ化されたものを指す。したがって両者の関係は、A∪Bと単純に考えていいだろう。

## 2　書籍（A）と電子書籍（B）

第五章で論じたように、現在の我が国で「電子書籍」という言葉が定着するまでには、電子本、e-Book、デジタルブックなど様々な名称が乱立していた。それらは単に名称の違いの問題ではなく、それが指す概念や機能、利用目的も多様であった。それを大別すると、書籍のデジタル化によって新たな機能を加えた別の形態の書籍を作ろうとしたものと、デジタル技術を使って書籍を超える新しい知的構成物を作ろうとするものがあった。結局市場に現在流通しているものの大半は前者となっている。その意味で、書籍を超えるものではない。本書もその現実に則って、前者の概念で電子書籍の用語を用いている。

したがって両者の関係は、やはりA∪Bと思われるが、新しい機能（例えば読み上げ機能）の部分に注目してA∪Bと考えることもできるだろう。

## 3　図書館（A）とアーカイブ（B）

ここでいうアーカイブは公文書館のことではなく、広義の史資料館（それが公文書を扱う場合を含む）や便宜上ミュージアムを含む。図書館とアーカイブの大きな違いは、前者が複製物、後者が一点ものの現物を収集・保存の中心としていることであり、機能面では文化資源の収集・保存・利用を保障する施設という本質的部分で大きな違いはないと考える。当然ながら資料によっては、映画、録音資料、写真などのように厳密には複製物でありながら、一点ものの性質を持ち、図書館とアーカイブのどちらからも収集対象となる場合がある。

したがってその関係は、A∪Bと考えられる。

## 4　図書館（A）と電子図書館（B）

図書館と電子図書館との関係は論者によって異なるだろう。また電子図書館の発展段階によっても違ってくる。第六章で考察した長尾の電子図書館論の第一ステージでは、A∪Bと言っていいだろうが、第二ステージの電子図書館は、A→Bとなってしまうように思われる。しかし実際にはバーゾールが考えるように、現在の図書館の機能、特に場所としての図書館やセラピストとしての図書館員の役割があるとすれば、A∪Bとするのが自然かもしれない。

## 5　アーカイブ（A）とデジタルアーカイブ（B）

第六章で論じたように、アーカイブとデジタルアーカイブでは、そもそも運営原理と収集対象が異なるとすれば、A↛Bは考えにくい。これが図書館との大きな違いである。当初はA∪B、いずれはA∪Bの関係になると思われる。

## 6　図書館（A）とデジタルアーカイブ（B）

この関係はどちらの側から見るかで大きく変わってくるように思われる。図書館側、特に公共図書館の観点からは、第五章で論じたように、デジタルアーカイブの一部の機能を使えれば十分なので、A⊃Bの部分の関係になりそうだが、デジタルアーカイブから公共図書館を見れば、ほとんど接点がなさそうである。

## 7　デジタルライブラリー（電子図書館）（A）とデジタルアーカイブ（B）

マルチメディア機能を持った第二ステージの電子図書館とデジタルアーカイブを分ける境界線はないように思われる。その意味では、A＝Bと言ってよいだろう。デジタルライブラリーと並んで、すべてのコレクションがデジタル化され、かつそれのみから成るデジタルミュージアムを想定するならば、A⊂Bとなる。

注

（1）それらは動態的な概念なので、あくまで暫定的な記述となることをお断りしておきたい。

（2）概念対象を列挙する外延的方法と意味内容を分析する内包的方法があるが、ここでは立ち入らない。

（3）第二章注（1）参照。

# 第Ⅲ部　デジタルアーカイブの理論化と政策化に向けて

# 第Ⅲ部　まえがき

第Ⅲ部には、本書執筆の目的である、デジタルアーカイブの基礎理論と政策論を論じた二点を収めた。デジタルアーカイブの今後の発展を支える二本柱になると考えたからである。

第七章では、デジタルアーカイブの構成要素とそれに影響を与える外部要因を整理し、デジタルアーカイブ論の論拠となるべき要因を提示した。

終章となる第八章では、第七章の理論を具体化するための政策形成について、その前提となるべきデジタル文化資源政策の在り方（それこそまさに第一章で論じた問題意識である）と共に、その政策主体として何を考えるべきかの問題意識を基軸に論じた。またそれを通じて、デジタルアーカイブ政策がもつ社会的意義について言及した。

# 第七章　デジタルアーカイブとは何か――その要件を考える

## はじめに

デジタル・ライブラリーやデジタル・ミュージアム[1]が図書館やミュージアムの世界で将来的な課題として取り上げられたのは、すでに一九八〇年代からであったが、それらがデジタルアーカイブの理論化と実際の構築へと本格的に動き出したのは、ようやくこの十年（二〇一〇年代）であり、現在はまだその発展過程にあると言ってよいだろう。したがって、「デジタルアーカイブ」の定義や要件を現時点で厳格に定めることは困難であり、むしろ今後の発展の可能性を縛ることになり望ましくない。しかし一方で、社会一般にまで普及した「デジタルアーカイブ」概念とその理解に混乱が生じていることも確かである。

そこで本章では、二〇一〇年以降デジタルアーカイブを主要テーマとして論じた代表的な著作を参考に（巻末参考文献に掲載）、デジタルアーカイブの基本的概念・構成と枠組みを整理し、デジタルアーカイブと呼べるための要件を考えることによって、今後のデジタルアーカイブの方向性を探ってみたい。

## 第一節　デジタルアーカイブを構成するもの

### 1　構成要素

デジタルアーカイブと言っても、個人レベルのものから国家を横断したEuropeanaレベルまで、その規模の幅は極めて大きい。そこで、例示的にある程度の規模の団体・組織（文化施設、企業、ＮＰＯ、地方公共団体など）が主体となって運営する、固有のコンテンツを持つデジタルアーカイブを想定して、それがどのような要素から構成されるかを整理してみたい。そうすると、①デジタルコレクション、②メタデータとデータ構造化、③データの保管・保存、④検索エンジンとＵＩ（ユーザーインターフェイス）、⑤システム、⑥利用、⑦運営・マネジメント、の七点を基本的な構成要素として挙げられそうである。[2]（図７－１参照）以下、それらの要素がどのような要因によって成立しているかについて考察する。

#### ①　デジタルコレクション

デジタルアーカイブの核となるのは、デジタルコンテンツから成るコレクション（デジタルコレクションと呼ぶ）であろう。その対象となるコンテンツはあらゆる分野の情報・知識にわたるが、「コレクション」である以上、何の脈絡もなくランダムに集められたコンテンツではなく、ある方針に基づいて編成されている必要が

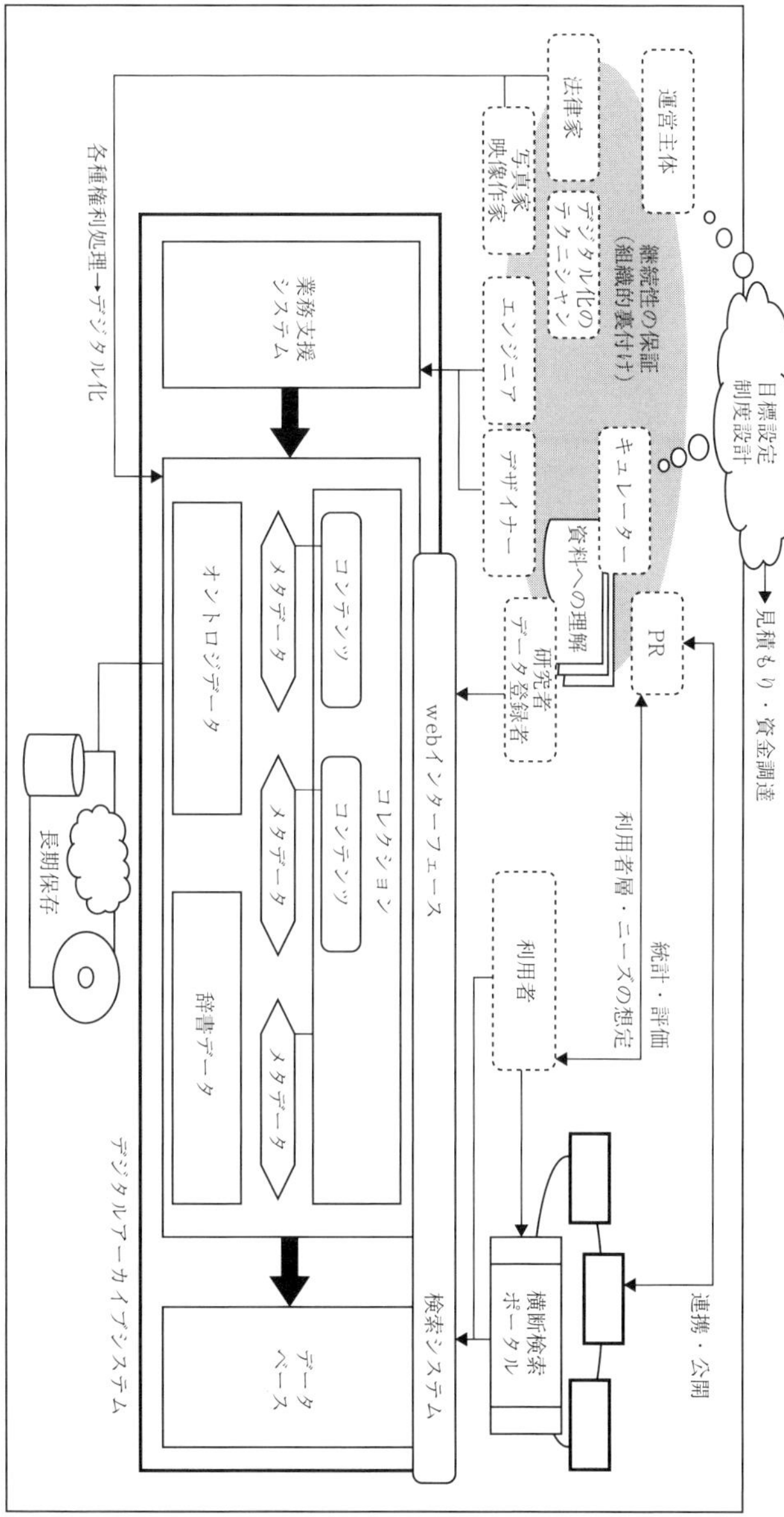

図7－1　デジタルアーカイブの基本要素

出典：柳与志夫責任編集『入門デジタルアーカイブ』勉誠出版，2017，p.5（中川紗央里作成を一部修正）

ある。近年ビッグデータ解析の観点からデータアーカイブの重要性が注目されているが、個別には意味を持たないデータも、それが特定の目的によって大量に収集・蓄積され、分析されることによって有用な情報や知識になるとすれば、データをデジタルコレクションの対象から排除する理由はないだろう。デジタルコレクションをどのような方針で構成していくかは、デジタルアーカイブにとって本質的問題であり、本節第二項で改めて論じたい。本来のデジタル文化資源の持つオープン化やマイクロコンテンツ化の特性が「コレクション」概念に根本的な変化をもたらすことにも考慮が必要である。

社会的にデジタルアーカイブ構築に向けて取り組まれるようになった初期の頃は、図書館や博物館、会社や団体がもともと所蔵していたコレクション（書籍、文書、工芸品等）をデジタルコンテンツ化することがコレクション形成の中心であり、それを前提とした作業工程や運営体制が組まれていた。しかし、社会のデジタル情報化進展に伴い、デジタルコレクションの対象も最初からデジタルコンテンツ（born-digital）であることが増えており、デジタルコンテンツ化に多大の費用や労力をかけていたときとは対応は大きく異なる。デジタル化されていない大量かつ重要な資料が残されていることを考えると、当分はこの二つの異なる工程をデジタルコレクション形成に取り込むハイブリッドな仕組みが必要である(3)。また、美術品のように原資料に価値があることが明白な場合は別として、過去の新聞原紙に象徴されるような、デジタル化された後の原資料の扱いをどうするかという問題も、デジタルアーカイブそのものとは関係がないとは言え、避けては通れない。

いずれの過程を経たとしても、収集されたデジタルコンテンツはそのままではデジタルアーカイブとしてコレクション化されたとは言い難い。コレクションにふさわしいコンテンツの編成やメタデータ付与等の編集工程がそこには不可欠であり、また利用のしやすさを考えた画面構成、安心かつ便利に使うためのコンテンツ権利処理など、コレクション構築という観点から考慮すべき要因は多い。そして何より重要な要因は、コンテンツの増加、編集加工による付加価値化などによってコレクションが常に発展していく仕組みをつくることであろう。貴重な過去の資料のデジタル化コレクション等は別として、コレクションが更新されなくなれば、それは「死んだ」デジタルアーカイブとなってしまう。

② メタデータとデータ構造化

メタデータは、記述メタデータ、管理メタデータ、メタデータスキーマの三要素から成るが、(4) その原型とも言えるダブリン・コアが、図書館資料を超えてネット上の知識資源にまで拡張して目録規則が適用できることを目的に図書館関係者が中心となって検討してきたように、(5) 図書館の目録規則の延長線上で考えられたことは間違いない。(6) そして目録法に限らず、現在のデジタルアーカイブの理論と技術・手法の多くが、図書館情報学にその源を発しているように思われる。このことは第六章で論じた、「ライブラリー」→「デジタルライブラリー」→「デジタルアーカイブ」への展開を裏付けるものと言えよう。(7) しかし一方で、目録法と並んで図書館情報学における知識組織化理論の双璧と見なされてきた分類法はデジタルアーカイブ論に継承されていない。それは図書館分類法が知識の分類を標榜しながらも、事実上は書籍という物理単位での分類のための方法だったからである。もちろん本来の知識単位での分類の必要性は図書館情報学においても認識されており、DDCに代表される列挙型・階層型分類に対して、CC（コロン分類法）のような分析合成型分類法も考案されたが、(8) 書籍やカード目録という物質的な壁は突破できなかった。その意味で物質的制約から免れたデジタルアーカイブにおいてこそ、デジタルコレクションへの知識分類の適用可能性が開かれたのではないだろうか。

デジタルアーカイブのこれまでのコレクション形成においては、紙資料のデジタル化が中心であったため、原資料のテクスト形式を保持したままのデータ構造のイメージに縛られがちであるが、マイクロコンテンツ化によって、原理的にあらゆる形式のデータクラスター化が可能であり、逆にそれを活用するためには事前に分類体系を決めてしまうのではなく、利用者が参加して作るタクソノミーや意味解析を反映したオントロジーの開発が必要になってくるだろう。その点から考えると、デジタルアーカイブを支える理論的背景も、従来の図書館情報学ではなく、知識工学やコンピュータ科学の果たす役割が大きいと言える。またメタデータについても、著者名や書名に重点が置かれていた書籍時代と異なり、コンテンツを一意的に特定できるＵＲＬ（Uniform Resource Locator）、ＵＲＩ（Uniform Resource Identifier）、ＤＯＩ（Digital Object Identifier）などの識別子の重要性が増しており、デジタルアーカイブを支える理論的基盤がすでに旧来の図書館情報学の範囲を超えていることは確かである。

③ データの保管・保存

デジタルコンテンツをどのようなデータ形式で保管し、その永続的な利用を保障するために保存していくかについては、データ形式、ソフトウェア、ハード装置を一体的に考えていく必要がある。デジタル化されたテクストのデータユニットの編成、ホームページや音楽などネット上のデータの取り込みなどデータ保管の形式は多様化している。またそれらを保存するための記録媒体も多様であり、日々性能が進化している。しかも保存データは必ずしも自前のサーバにストレージするだけではなく、むしろクラウドサービスを利用することが一般的になっている。さらに、ネットワーク構築、不正アクセス防止やデータバックアップなど様々な要因があり、その組み合わせ方は膨大である。その対応は技術的なものに見えるが、内容保存のためのマイグレーションの実施可能性が典型的に示すように、実際には費用対効果、利用目的、管理方法などデジタルアーカイブ全体の運用に関わる複合的な問題と言えよう。

④ 検索エンジンとUI

検索エンジンの仕組みについては、テクストを対象にしたマッチング・インデクシングによる全文検索が基本となっている点では多くのデジタルアーカイブで共通しており、またグーグル検索の方法がネット上の検索件数で圧倒的なシェアを占めることによってデジタルアーカイブの検索方法にも大きな影響を与えている。我が国では連想検索(9)のようなグーグル検索とは発想を一八〇度変えたような検索エンジンがかつて提案されたこともあるが、一般化することはなかった。今後はせっかくのデジタルアーカイブの拡大・多様化に対応した様々な新しい検索方式の試みが望まれよう。その点ではむしろまだ検索技術が発展段階にある画像検索、動画検索、音像検索等とテクスト検索を統合的に行うマルチメディア検索の開発において、新しいタイプの検索エンジンの可能性が開かれるかもしれない。

ユーザインターフェイス（UI）については、検索方式よりは多様性があり、システム操作に関わる入力面でのデジタルアーカイブの使いやすさ・使いにくさに大きく直結しているが、今後むしろ重要なのは出力面におけるUIであろう。すでに実用化されている自動翻訳や自動索引、音声読み上げに加えて、自動抄録、自動編集など様々な工夫が考えられる。

⑤ システム

コンテンツの入力・データ処理・データ格納・保存、データベース管理、検索・UI、業務支援、通信基盤など、デジタルアーカイブの構成要素としては、通常の情報システムと比べて特別な要素技術の利用はないと言ってよいだろう。デジタルアーカイブが、遠隔からの利用、そしてデータベース横断的な利用を前提とするネットワークシステムとするなら、ＡＰＩ（Application Programming Interface）、ＬＯＤ（Linked Open Data）、ＩＩＩＦ（International Image Interoperability Framework）などの技術を使うことも他の情報システムと異なるところはない。今後はデジタルサイネージ、モバイル端末でのナビゲーション、ＶＲ／ＡＲ、Ｗｅｂ展示などの出力部門において各種新規技術の適用が期待できるだろう。

⑥ 利用

デジタルアーカイブは、コレクション内容の保存活用や特定の活動に必要な情報源の構築、貴重なコレクションの展示など、何らかの目的があって構築されるものである。その意味で主に誰に使ってもらいたいかは当初から明確に設計されているはずである。しかし実際には狙い通りには使われなかったり、意外な使われ方をすることもあるだろう。その理由は、本節で挙げた①〜⑤、⑦のどれかあるいは複数の要因によるか、そもそも最初の目標設定に問題があったということになる。さらに重要な要因としては、継続性・発展性の担保がある。コンテンツが更新されなかったり、その後の技術開発によって当然利用できるようなＵＩ技術が使われていなかったりすれば、利用は減ってくる。逆にコンテンツの充実や使い勝手の改善により活発に二次利用されたり、想定していなかった利用者層を獲得したりすることもあるだろう。その観点から近年注目されているのがデジタルアーカイブの可視化である。これはデジタルアーカイブの情報デザイン的側面の重視ということもあるが、それ以上にデジタルコレクションからそこに潜在する価値を不断に取り出し、さらに新しい価値を付加して表現する活動と捉えられる(10)。弛みない進化こそ、死んだデジタルアーカイブにしないための最大の方策であろう。

⑦ 運営・マネジメント

デジタルアーカイブは、ひとつの情報システムとして捉えられがちである。もちろんそれが重要な構成要素であることは間違いないが、それはデジタルアーカイブの一部に過ぎず、むしろ特定の目的をもって構築され、維持運用され、その目標を達成するために利活用を促進しようとする意図を持った社会的な仕組みと考えたほうがいいだろう。いったん制作されれば、利用の仕方は利用者に任されているデータベースや情報システムそれ自体と異なり、利活用を促進しようとする意図と収集・保存等アーカイブ諸機能の総体、それを可能にするための運営主体の存在が、デジタルアーカイブ構築の前提となっているように思われるからである。そしてその運営主体は、個人から国家あるいは国家を超えた国際的団体までの幅があるが、いずれの場合にも何のためにデジタルアーカイブを構築するのかという目的を設定し、それを形成・維持・発展させるための体制・人材・資金の手当てを行なったうえでのマネジメントが必要となる。個人レベルのデジタルアーカイブ構築は可能であり、事例も少なくないが、それを維持発展させることは極めて困難である。その意味でもデジタルアーカイブはまさに社会的装置なのである。実際、我が国では図書館や美術館は施設を専ら指し示す名称であるが、library や museum は施設・建物を示すとともに、図書館機能・美術館機能も示す言葉であり、大学図書館や公共図書館ではなくても、ライブラリー機能を持っているものは library と呼ばれる社会的装置なのである。

もう一つ重要なデジタルアーカイブのマネジメント面での特徴は、運営主体が地方自治体やＮＰＯ、学会等の場合はもちろん、それが企業の一部門の運営による場合でも、現在の経済活動の枠組みの中では、デジタルアーカイブの使用料だけで運営全体のコストをカバーすることは難しく、ましてや事業収益を目的にした単独の経営活動にはなりにくいことである。したがって、デジタルアーカイブのマネジメントは非営利組織経営の手法に馴染んでいると言えよう。

## 2　デジタルコレクションとは何か

従来の博物館・美術館（M）、図書館（L）、文書館・資史料館（A）等、資料の収集・保存・利用施設（以下、MLAと略）にとってコレクションは中核的な存在であった。そしてコレクションとは、意図的に「集めた（collect）」ものであり、自ずとあるいは何となく「集まった」ものでないことは明らかである。この原則は、デジタルアーカイブのデジタルコレクションについても適用されるのだろうか。

現在我が国のMLAで、その精粗は別として資料収集方針（acquisition policy）を定めていないところはないだろう。しかしコレクション構築方針（collection development policy）についてはどうだろうか。我が国のMLAの現場ではいまだに資料収集方針をもってコレクション構築方針（図書館で言えば蔵書構築方針）と見なしているところも少なくないが[11]、後者は、資料収集方針に加えて、選定体制、組織化基準、保存方針、除籍・廃棄方針等を含む前者の上位概念であることは明白である[12]。そして、その考え方をデジタルアーカイブ（あるいはデジタルライブラリー）に適用すると、「デジタルコレクション構築方針」の策定は極めて重要なものとなる。

二〇〇七年にNISO（米国情報標準化機構）は「優れたデジタルコレクション構築指針の枠組み　第三版」[13]を公表している。残念ながらその後第四版は出されていないようだが、ここで示された、コレクション、オブジェクト、メタデータ、イニシアティブ（率先的取組）の四部からなる枠組みはまだ陳腐化していない。そこで提示された、優れたデジタルコレクションであるための原則は、以下の九点である。

①　明確なコレクション構築方針に基づいてコレクションを形成する。
②　コレクションの範囲、ファイル形式、アクセス制限、所有権、真正性・完全性・解釈に関する情報を含む、

コレクションの特徴が利用者にわかるように記述する。
③　各コンテンツの収集から保存・廃棄等にわたるライフサイクルを通じて使いやすいように管理する。
④　広範囲の人に使われるように、不要な利用制限を設けない。障害のある人にも、そして可能な技術を適用してできるだけ使いやすくする。
⑤　コレクションの知的財産権を尊重する。
⑥　利用効果を測るための利用記録データ等を取得する仕組みをもつ。
⑦　システム間の相互運用性がある。
⑧　利用者のワークフローにうまくつながる。
⑨　長期間にわたる持続性がある。

これらの原則は現在でも納得のいく、そしてコレクション構築の目標となるものであろう。そして米国では実際に多くの大学図書館を中心に「デジタルコレクション構築方針」が作成され、公表されている。また単館レベルではなく、たとえば図書館協力の長い歴史をもつイリノイ州学術図書館コンソーシアム（CARLI）では、コレクション構築の基準、著作権等処理の指針、セキュリティ、保存、標準化と品質管理、コンテンツ選択、アクセス性、廃棄方針等参加各館に共通するデジタルコレクション構築方針が定められており、デジタルコンテンツの共同利用の促進が図られている。(14)

以上の例は図書館についてであるが、ミュージアム、アーカイブのデジタルコレクション構築についても、考え方に大きな違いはないだろう。そして残念なことに我が国ではこのようなデジタルコレクション構築方針を定めているＭＬＡ施設は少ないのではないだろうか。

しかしここで大きな疑問が生じる。こうしたデジタルコレクション構築方針は、これまでの書籍、文書、美術品等モノを対象とするコレクション構築方針を引き継ぐ形で、デジタルコンテンツにも類比的に適用したものである。確かにこれまでのようにデジタルアーカイブのコンテンツの中心が、従来の資料のデジタル化したものであれば、その類比は的外れではないだろう。ところが、これからのデジタルアーカイブが収集するコンテンツの多くは最初から（born-digital）のデジタル文化資源である。そしてデジタル化資料も、そのことによってまさにデジタル文化資源としての性質を帯びている。

第二章では、デジタル文化資源の特徴として、マルチメディア性、オープン化・ネットワーク化・インタラクティブ性、可変性（改変性）、マイクロコンテンツ化と蓄積性（通時的利用可能性）、編集性の五点を挙げた。「コレクション」は、もともと特定分野の資料を対象に目的をもって集め、特定の利用を想定した、ひとかたまりの資料群を指しており、それが分散されたり、別の利用に供されたりすることは、コレクションの価値を減じることになる。その観点からすれば、デジタル文化資源の性質はすべて、従来の意味でコレクションを形成することやそれを維持することに反しているように思われる。ひとつの用途・目的ではなく、むしろマルチユースが可能なコンテンツ編成、コンテンツ自体を一人の著者・クリエイターではなく多くの人が参加して作るクラウドソーシング、元のコンテンツの入力形式に拘束されない文字・音声・画像等多様な出力形式などにこそ、「デジタルコレクション」の価値が発揮されるのではないだろうか。現実にはまだ多くのデジタルアーカイブは従来のコレクション概念の下に構築されていることは確かである。現在の「コレクション」の基準からすれば、明確な目的や方針もなく「集まってしまった」YouTubeやインスタ（Instagram）のコンテンツをデジタルコレクションとは言いかねるかもしれない。しかしデジタルコンテンツの充実とともに、デジタル「コレクション」の意味も変化していかざるを得ないだろう。

デジタルアーカイブのコンテンツ、それを今後もコレクションと呼ぶか否かは別としても、それを考えるにあたって重要な観点を指摘しておきたい。それは、第一節②のメタデータの作成でも指摘したように、通常のMLAではその前の段階、つまり何を集め、それを整序するかにアーカイブ機能の重点が置かれていたのに対して、デジタルアーカイブでは、コンテンツ収集の重要性に変わりはないが、むしろ収集したコンテンツを「どのような形式・様態（モード）で使うか・使えるか」にアーカイブ機能の焦点があてられ、それを可能にする仕組みとしてのデジタルアーカイブ構築が課題になってくるということである。

## 3　機能要件

様々な要素から形成されるデジタルアーカイブは、従来のMLAやデータベースでは担えない、どのような機能を果たすことを期待されているのだろうか。当然ながら、個人で作ったデジタルアーカイブと国家を横断した国際的規模のものでは、求められる機能は異なってくるだろう。そこでここでは本節第一項で構成要素を考えるために想定した「ある程度の規模の団体・組織（文化施設、企業、NPO、地方公共団体など）が主体となって運営する固有のコンテンツを持つデジタルアーカイブ」を仮の対象とする。しかしそうした規模の違いよりも、デジタルアーカイブの機能要件を考える際に大きな影響要因となるのは、それが特定の組織の活動を記録し、その運営に役立てることを主目的とする組織アーカイブをめざしたものか、それとも研究、趣味等様々な目的のために特定分野の情報・知識を集め、広く関心のある人に提供しようとする収集アーカイブをめざしたものかの違いであるように思われる[15]。

以下では、組織アーカイブ的要件と収集アーカイブ的要件の違いを意識しながら、デジタルアーカイブの機能要件を考えるための基本的な判断基準となりうるものを試みに列挙することにしたい。

なお、組織アーカイブ（A）・収集アーカイブ（B）の区別は、特定のデジタルアーカイブやその運営組織がそのどちらかに属しているという意味ではない。たとえば、ある美術館の運営するデジタルアーカイブについて、それが収蔵する作品のデジタルコンテンツであればB、美術館が広報普及や調査研究を行なった成果をコンテンツ化したものであればAというように、ひとつのデジタルアーカイブの中には混在した要素があるのが普通である[16]。

① コンテンツを集める・つくることに重点があるのか、残して活用することに重点があるのか、程度の問題ではあるが重要な観点の違いである。さらに「意図して（あるいはより正確に言えば選んで）」集め、残すことが前提とされていたモノとしての収蔵資料と異なり、意図せず（選ぶことなく）集まってしまい・残ってしまうことが可能な[17]デジタルコンテンツの特性も考慮すべき要因となる。

② 今を記録し残すか、過去を発掘するかの視点[18]。

③ ある種の完成形をめざすのか、「永遠に完成しない[19]」ことが理想形なのか。それはコンテンツの（ある分野における）網羅性を求めるのか、持続的な発展可能性・改変性を重視するのかの違いとも関連してくる。

④ ひとつのまとまった（構造化された）コンテンツを組織的に検索できる機能を重視するか、「提供元が異なるために、これまで別々に存在してきた資料群をまとめ、内容と各々の関連性をともに知ることができる[20]」機能に着目するか。この違いを渡邊英徳は、「ツリー構造」と「多元的」デジタルアーカイブの違いと特徴

づけている。(21) 前者は組織アーカイブ的要素、後者は収集アーカイブ的要素が強いと言えるかもしれない。

⑤ 「デジタル」アーカイブであるが故のメリットをどこまで利用者に対して提供できているか。江上敏哲は、「距離・時間の差が解消され、輸送や移動のコストをかけずに利用・アクセスできる」「汎用性・一般性のある別のシステムに流用・統合することで、特定のユーザに限らず、多くのユーザに提供できる」など一二点をそのメリットとして挙げている。(22)

⑥ デジタルアーカイブがもっているコンテンツ自体だけでなく、それが他の類似のコンテンツとどのような関係にあるか、あるいはそれがどのような社会環境に置かれ、その内容を理解すべきか、それらの文脈が参照できる機能があるか否か。

⑦ デジタルアーカイブの評価基準を何におくか。デジタルコレクションの充実、検索機能の有効性・効率性、使いやすさなど様々な要因の組み合わせとなるだろうが、最終的な評価は、何の役に立ったのかということになるのだろう。

個別のデジタルアーカイブについては、これらの基準を考慮したうえで、具体的なコンテンツの収集方法や規模、保存形式、検索性、ＵＩ等求められる機能要件を設定することになる。

## 第二節　デジタルアーカイブの環境要因

デジタルアーカイブはそれ自体で自律的に成立しているわけではなく、多くの社会的環境条件によって規定され、支えられている。ここではそれを、①歴史的・文化的・社会的、②経済的、③法的、④政策的・政治的、⑤技術的、⑥科学的・思想的、の六つの要因に分けて考えてみたい。

## 1　歴史的・文化的・社会的要因

我が国のデジタルアーカイブ（論）が、アーカイブズ（学）が社会的に一般化する以前に普及したため、「アーカイブズのデジタル化されたものは、あまりデジタルアーカイブとは呼称されず、逆にデジタルアーカイブの名のついたものは、多くの場合、アーカイブズの資料を対象としていなかった」[23]ことは確かである。それを後藤真は「生まれのねじれ」であり、日本の文化資源の保存と活用という面で課題を残したと指摘しているが[24]、すでに本書で何度か指摘したように（第六章参照）、デジタルアーカイブは理論的にも実際的にも古文書や公文書を中心とするアーカイブズ（学）が発展して創出されたものではなく、理論的にはデジタルライブラリーの考え方の延長線で発展してきたとすれば、その名称が混乱を招きやすいことは確かであるが、その関係にねじれが生じたわけではない。もともと両者はあまり関係がないのである。また、実際的にも、アーカイブズ（学）が発達した欧米からデジタルアーカイブという言葉が生まれたのではなく、各種ＩＣＴ技術や情報通信基盤整備を背景に、それらの「トライアル、アピール、プレゼンテーションの絶好の場として、文化資産のデジタル記録が考えられるように」なり、それを文化学術振興というミュージアムや大学の立場だけでなく、産業振興・地域振興の観点から企業や自治体が参集した、そのような状況を受けて月尾嘉男が提案したのが「デジタルアーカイブ」という和製英語だったとされる[25]。その意味では、最初からデジタルアーカイブには技術的・政策的指向性があったと言えよう[26]。後藤が指摘するように、そうした文脈の中では文化資源（正確にはデジタル文化資源というべきであろうが）の「長期的な保存」という意識が落ちてしまったこと、そして「優品主義」に傾いてしまったことは否めない。この優品主義の傾向は、我が国におけるデジタルアーカイブの当初の対象が、主にミュージアムの所蔵資料、その中でも優品とされる作品・資料のデジタル化に集中してしまったことの反映ではあるが、これもすでに指摘したとおり（本章注1参照）、デジタル・ミュージアムがデジタルアーカイブに発展することは理論的にも現実的にも難しく、それが我が国におけるその後のデジタルアーカイブ発展の足かせのひとつになったことは確かだろう。[27]

デジタルアーカイブが、既存のアーカイブ、特に公文書館や史料館の延長線上に発展してきたわけではないかと言って、その「アーカイブ」としての意義が軽んじられるわけではない。むしろ、その逆であろう。吉見俊哉は、「文書館という公的な記録を残していく機関も、もちろんアーカイブなのですけれども、しかし、それだけではなくて、映像的ないし電子的な記録のすべて、さらに語り継がれる記憶の数々、そして非常に多様な人々の振る舞いとか、それから人々の語りの重なりとか、そういう全てがアーカイブ概念には含まれている」としているが、デジタルアーカイブはその中の電子的記録のすべてを直接の対象としつつ、記憶や語りといった深層のアーカイブを常に意識していく必要がある。[28] デジタルアーカイブの制作と「記憶のコミュニティ」の形成を結び付けようとする近年の渡邊英徳の試み[29]もそれに連なるものと言えよう。

デジタルアーカイブの構築・運用が、こうした歴史的経緯はもとより、現在の文化的・社会的要因によって様々な影響を受けることは当然だが、何を集め・何を残すかというアーカイブとしての本質的部分で、その時の社会や文化の在り方に大きく左右されることは間違いない。かつては文化財や貴重書をデジタル化するのがデジタルアーカイブというイメージもあったが、今やあらゆるデジタル文化資源がそのコンテンツの対象となっている。また、近年の大きな特徴として、収集あるいは作成した結果としてのコンテンツだけでなく、フェイスブックやインスタグラムなどのSNSを使って利用者からのコメントや情報をコンテンツとして追加することが可能になってきた。そのような状況に対してどのように対応していくかの課題は、デジタルアーカイブの社会的役割を考えるうえで興味深い。

## 2　経済的要因

個人やNPOがその情熱で作ってしまうものは別として（それでも実は人的コストがかかっているわけだが）、デジタルアーカイブの構築・運用にはお金が必要である。デジタルアーカイブ自体の財務マネジメントに関わる要因はここでは触れないが、その前提となる幾つかの経済的要因について言及したい。

対象となるデジタルアーカイブのガバナンスが何によるのか、利用対象者や利用目的の違いで、その資金源が異なってくることは当然だが、その複線化あるいはクロスセクター化は今後の重要な課題である。

これまでデジタルアーカイブの多くは、地方自治体などの公的機関やMLA、財団、NPO等非営利組織、あるいは企業であっても収益を求められない部門によって運営されていた。それはデジタルアーカイブを社会共通資本としての知識基盤のひとつとして位置づけ、誰にでもオープンで、無料で利用できるという考え方と連動していた。それに対して、それをデジタルアーカイブと呼ぶことについての是非は置くとして、類似の機能を果たしているグーグルやYouTubeは広告収益によって利用は無料で運営されている。またゲッティ・イメージズによる写真提供サービスや大手新聞社による記事提供サービスなどのように、大量の情報・データを検索しコンテンツ提供するサービスは有料であり、一般公開ではなく会員制である場合も多い。

かつては〈A：非営利、オープン、無料〉という三つ組と〈B：営利、限定、有料〉の三つ組を対比的に見ることが経営論では一般的であった。これは大きくは公共経営と企業経営を対比的に考えることの延長線上にあるものだ。しかし、営利／非営利、オープン（公開）／限定、有料／無料の二分法は、本来それぞれ異なる基準であり、したがってこの三つの軸だけでも理論的には $2^3=8$ 通りの組み合わせがありうる。一九八〇年代の行政経営における企業経営的要素を加味したNPM（New Public Management）の導入、企業経営における社会的責任（corporate social responsibility）やコンプライアンスの重視といった流れの中で、法令や人材に関する他の基準も合わせて、官／民の単純な二分法にとらわれない様々な経営形態の可能性が近年論じられてきた。しかしデジタルアーカイブの世界では、いまだにA/Bの二分法にとらわれがちのように見える。デジタルアーカイブのガバナンスの在り方を考えるにあたって、その前提となる経営条件の異なる組み合わせの可能性を追求してみるべきだろう。

市場性とデジタルアーカイブの関係も再考を要する。デジタルアーカイブの基本機能であるデジタルコレクションの形成・保存・提供は市場性に馴染まず、だからこそ公共的知識基盤としての維持管理が必要だという考え方がある。あるいは、市場性をもつコンテンツ流通も認めたうえで、デジタルアーカイブが提供する財について、市場型と非市場型に分け、市場取引だけでなく、贈与や協同積み立て等の方式を含め、その組み合わせで財（コンテンツ）の分配・流通を考えるという提案もある。(30) 確かにデジタルアーカイブによるコンテンツサービスに収益性があると考えることは一般的には難しい。これまで営利を目的とした多くのコンテンツサービスが、実はコンテンツ自体ではなく、その媒体（本、電子書籍、CD、DVD等）や付随するサービスによって利益を得ていたことを考えればなおさらであろう。しかし、ようやく近年になってNetflixやSpotifyのようなストリーミングサービスが一般化することによって、コンテンツ自体が市場取引の対象になってきたようにも見える。それでもそれは敢えて言えば、サブスクリプションサービスというサービスが取り引きされているだけで、ひとつひとつの楽曲や映画が一単位のコンテンツとして取り引きされる市場が形成されているとは言えないかもしれない。コンテンツを財市場の対象として扱うためには、仮想通貨（暗号資産）やブロックチェーンを利用してコンテンツ一単位ずつの取引を可能にする仕組みが必要である。音楽の世界ではすでにUjo Musicのような事例も出てきており[31]、デジタルアーカイブのコンテンツについても、その可能性を検討してみる価値は大いにある。それはデジタルアーカイブの公共性と市場性の関係について、新しい光を当てることにつながるだろう。

## 3　法的要因

デジタルアーカイブの構築・利用に関わる法的諸要因については、近年理論的にも、また実務的にも大きな関心が寄せられているが、二〇一九年になってそれらを概観する世界的にも嚆矢と言える書籍が出版されたので[32]、個別の法的要因の分析は同書に譲り、本項ではそれらを俯瞰する横断的な問題を幾つか指摘しておきたい。

長い間膠着状態であった著作物のデジタル化・蓄積保存・利用に関わる法制度について、近年それを改善する方向での著作権法改正が相次ぎ、デジタルアーカイブの活用の観点からもかなりの前進が見られた[33]。そしてそのことが逆に、著作権法が扱っている以外の法的諸問題：肖像権、所有権、プライバシー権、忘れられる権利等の存在を大きく浮かび上がらせている。それらの諸課題に個別に取り組むことは当然であるが、デジタルアーカイブの構築・活用促進の観点から、著作権を含めた全体的な枠組みとその改善の方向性を議論する必要があるだろう。

著作権の残っている絶版書籍のデジタル利用も今後の重要な取り組み課題である。文献世界において、学術情報や企業情報、地域情報等の比重が増大していることは確かであるが、デジタルアーカイブのコレクション対象としての商用出版物コンテンツの重要性は減じていない。多くの商業出版物が刊行後比較的短期間で市場から姿を消し、入手が難しくなり絶版書籍化してしまう現状を考えると、著作権切れ出版物のデジタル化を中心にコンテンツ形成をしてきたデジタルアーカイブが、権利処理や出版社の利害も調整したうえで、絶版書籍のデジタル化とコレクション化にも取り組むことは意義のあることだろう。実際に欧米では、そのような動きが顕在化している(34)。

さらに、現状の制度を前提にしたこのような改善の試みに加えて、より根本的な解決策を議論すべき時が来ているように思われる。著作権法を始めとする知的生産物を対象とする関連法制度が文化資源を扱うことを前提にしているとすれば、それに対して、これまでの文化資源とは大きく異なる様々な特性を持つデジタル文化資源を対象とする新たな法体系が今や求められており、それは知的財産権という枠組み自体の捉え直しを含めて検討すべきだろう。すでにクリエイティブ・コモンズの考え方は二一世紀になってかなりの普及度を見せているが、デジタルアーカイブの構築と利用を促進していく観点からの、より包括的議論が始まってもよい。当然ながら、それは極めて政策的・政治的な取り組みであると言えよう。

## 4　政策的・政治的要因

デジタルアーカイブの政策的意義や諸課題については、「政策」という用語の使い方を含めて第八章で論じるので、ここでは現実のデジタルアーカイブ構築と運用に関わる要因について何点か触れるにとどめたい。

デジタルアーカイブが社会的装置である以上、地方自治体から国レベルまでの様々な政策的・政治的要因に影響を受けることは確かである。その中の重要な要素として、デジタルアーカイブを教育、学術研究、産業振興、福祉等どのような政策的文脈に位置づけるかということがある。それはデジタルアーカイブ一般についても、また個々のデジタルアーカイブについても言えることだ。たとえば、我が国でデジタルアーカイブを初めて政策的課題として取り上げたデジタル・アーカイブ協議会（一九九六年設立）は、デジタルアーカイブ推進対象を美術館・博物館と地方自治体に置き、「ビジネス戦略もあって、新しい産業、事業を起こす目的があったが、文化情報の基盤整備、社会資本の構築に貢献するする前提で、情報共有化を想定していた」[35]とされる。つまり産業振興のための基盤整備的文脈の中にデジタルアーカイブの推進は位置づけられたのである。そして実際に同協議会発足当初から、文化庁、通商産業省、自治省（当時）の三省庁の支援を受けたのであるが、その後産業政策として十分に発展することはなかった。

デジタルアーカイブに関わる税制、知的財産権、個人情報保護、補助金、規制、基準などの社会制度についても、関連する法律、条令、規則等の制定・改正・廃止あるいは行政による運用によって、良くも悪くも大きな影響がありうる。一般にデジタルアーカイブの関係者は、そのような要因についてあまり意識をすることはないと思われるが、活用の可能性については十分注意を払う必要がある。たとえば、デジタルアーカイブにおける権利情報の記述と表示に関して我が国から国際標準化に向けての提案がなされたが[36]（二〇一七年）、それが正式に国際標準化機構（ＩＳＯ）の国際規格になれば、国内外のデジタルアーカイブのコンテンツ相互利用の促進につながることであり、このような動きに無関心であってはならないだろう。

デジタルアーカイブのコレクション内容が政治的に問題にされる事例は、我が国ではまだ社会的トピックになったことはないが、図書館蔵書や美術館作品の「偏り」に対する政治的立場、道義的立場等からの批判は、これまでにも少なからずあり[37]、今後デジタルコレクションについてもそのようなことが起こりうると考え、その時の対応策を準備しておく必要はあるだろう。外部からの批判内容が妥当か否かは別として、そうした社会からの反応に素早く応答していく姿勢は重要である。

## 5　技術的要因

デジタルアーカイブが、情報科学やコンピュータ科学を中心とする技術革新の影響を日々受けており、ソフトウェア・ハードウェアの両面でそれらを取り込んでいることは言うまでもない。ここでは個別の先端技術の動向に触れることはしないが、デジタルアーカイブがそれら情報関連技術の一種のテストベッドになっていること、あるいは積極的になっていくべきことは指摘してもいいだろう。デジタルアーカイブの持つ大量のコンテンツを対象として適用することによって、デジタル情報の保存・組織化・利用に関わる新しい理論と技術の開発が可能になる。高解像度画像、ＯＣＲ（Optical Character Recognition）、機械翻訳、ＩＩＩＦ、ＬＯＤ、深層学習など適用分野の範囲は枚挙にいとまがない。デジタルアーカイブは情報技術に支えられているのと同時に、情報技術の開発基盤として機能することができるのである。

デジタルアーカイブは、データベースのようにそれぞれが単独の情報データの集積体というよりも、他のデジタルアーカイブを含む外部のデジタル情報源とつながっていること、そしてその影響を受けて変容していく可能性があることに意味があると考えられる。なぜなら、それがまさにそのコンテンツであるデジタル文化資源の重要な特性のひとつだからである。その点で、コンピュータ科学と並んで、通信工学技術の発展や実際の通信網整備はデジタルアーカイブ発展のための重要な要因となる。またデジタルアーカイブを支える情報システムの標準化も進める必要があるだろう。

## 6　科学的・思想的要因

デジタルアーカイブの発展をどのような科学的・思想的文脈の中で理解し、促進しようと考えるかは、デジタルアーカイブの構築・運用に直接的に影響する要因ではないが、中長期的には大きな方向性の違いとなってくるだろう。デジタルアーカイブ界の重要課題のひとつとして今後の本格的議論を期待するにとどめ、ここでは簡単に三つの視点を指摘したい。

ひとつは、ライプニッツを源流とし、ポール・オトレ[(38)]（Paul Otlet）を経てヴァネヴァー・ブッシュ[(39)]（Vannevar Bush）に通じる、言わば知識普遍主義的な流れであり、第六章で示したように、長尾真もその系譜に連なるものと考えられる。長尾はさらにその考えを進めて、情報学の哲学として、人間の認識機能や推論機能と情報・知識との関係を論じようとしていることは興味深い[(40)]。

もう一つの流れは、人間の知を記号化し、それを書きとる装置としてのメディアの観点から考えるメディア論的アプローチである。アナログ・メディア革命からデジタル・メディア革命への展開の中で「テクノロジーの文字」という概念を石田英敬は提示しているが[(41)]、デジタルアーカイブをこうした文脈の中で位置づけていくこともできるだろう。

以上の二つの観点は、現在のデジタルアーカイブ（論）の主流をなしていると思われるが、相互排除的なものではなく、むしろ相互補完的に展開してきたと考えられる。テッド・ネルソン（Theodor Holm Nelson）のハイパーテクストやハイパーメディアの考え方はその交差の中から生まれたと言ってもよいだろう。(42) また、上記石田も記号学という立場で両者を統合的に把握しようとしている。

さらに三つ目の観点として、より根源的な、アーカイブの原義や歴史に遡って、人間の記憶や記録の成り立ちから、知識の編成や社会的意味を考えていこうとするフーコーやデリダの提起がある。(43) こうした考え方は、現代のアーカイブズ学が対象とする範囲を超えた哲学的なものであり、デジタルアーカイブ論に直結しているわけではないが、十分考慮すべき観点と言えよう。

デジタルアーカイブ論は、実際のデジタルアーカイブの構築・運用に役立つことを主目的としていることは確かであるが、その効用を高めるためにも、それが拠って立つ理論上の基盤を築いていくことが必要である。

## 第三節　デジタルアーカイブの要件と今後の方向性

第一節及び第二節の考察をもとに、デジタルアーカイブであることの要件となりうるものを以下に挙げていくことにするが、それらは重要度の順というわけではない。また、その要件が幾つ揃えばデジタルアーカイブで、幾つ以下はそう呼べないという基準を示そうとするものでもない。こうした要件を個別のデジタルアーカイブ（あるいはそれらしきもの）に適用してみることによって、理論的にも実際的にも進化し続ける「デジタルアーカイブ」の今後の方向性が明らかになっていくことを期待したい。

### ①　デジタルコレクションの形成

コンテンツなしのデジタルアーカイブはあり得ないとすれば、この条件は不可欠のものと言える。問題は

「コレクション」の考え方である。第一節で指摘したように、従来のＭＬＡ的な「デジタル化を含めて収集方針をもって集める」コレクションは当然であるが、データや写真・動画など明確な収集方針がなくても「集まってくる」コンテンツについても、それらが大量に集積され、事後的にタグ付けやクラスター化がされれば、それらはコレクション化されたと考えてもいいのではないだろうか。明確な収集方針の下に集められた特定分野の書籍コンテンツについても、それがデジタル化されてしまえば、技術的にはマイクロコンテンツ化され、自由に編集することが可能となり[44]、収集方針なく集まってきたコンテンツとの区別はなくなってしまう。アーカイブのデジタル化がそのままデジタルアーカイブではないように、「コレクションのデジタル化＝デジタルコレクション」ではないのである。デジタル文化資源は、ＭＬＡ的コレクションの概念も変えてしまうだろう。

同じことがメタデータや分類のような、コンテンツの組織化に関わる技術についても言える。事前に資料単位できちんと目録化・分類化するのではなく、マイクロコンテンツ化されたデータ単位を利用目的に応じて事後的に編成し、それにふさわしいメタデータ・タクソノミー・オントロジーをその都度生成・適用することにこれからはなっていくのではないだろうか。その意味で、ＭＬＡ時代はもちろん、その後のデジタルアーカイブについてもメタデータ形式の標準化の必要性は長らく力説されていたが、その重要性は今後低下していくように思われる。

主に図書館蔵書構築について言われてきたコレクション構築（collection development）の概念は、ディベロップメントの用語のとおり、時間的・量的発展を含意したものではあったが、もともとは本という物理的対象を扱っていたこともあり、「集められた蔵書」という静的イメージが付着していた[45]。デジタルアーカイブにおけるデジタルコレクション構築は、それとは対照的に、日々（あるいは極端に言えば秒ごとに）更新・編成・発展していく「動的」な概念となるだろう。

② 時間・空間を超えた利用

インターネットを通じた世界レベルの空間で、場所・距離の制約なく利用可能であることと、時間については、二四時間・三六五日利用可能という面と、過去のコンテンツも現在のコンテンツも分け隔てなく利用できるという両面がある。

③ ネットワーク性

インターネットに接続して各種デジタル情報源が利用できるということだけではなく、ＡＰＩにより他のデジタルアーカイブと相互利用可能になっていることが重要である。さらに進めて、外部のコンテンツを取り込んで新しいテクストを生成する（コンテクストのテクスト化）あるいは逆に外部のテクストにコンテンツを提供する段階（テクストのコンテクスト化）に行くためには、技術の問題というよりも、法的対応を含めた制度的な取り組みが必要となる。その段階になって初めて本来のハイパーテクストが実現されると言えよう。デジタルアーカイブは、それを可能にする知識基盤となりうるのである。

④ 公共的な利用可能性

当然ながらここでは「公共的」な利用とは何かが問題となる。本書では文化資源に関わる公共性を支える四つの要素として、正当性・普遍性・公開性・公平性を挙げた[46]。それらを具体的な利用の側面に適用すれば、しかるべき手続きで利用規則が定められ（正当性）、地域や団体独特ではなく、なるべく世界共通の一般的な利用方法・ＵＩ・検索方式等を採用し（普遍性）、原則として誰にでも利用可能で（公開性）、利用者の属性によって不公平が生じない（公平性）ことであり、それの要素が揃うことで「公共的な利用可能性」が保証されていると考えたい。それに加えて、それらが単に理念的なものにならないための具体的なシステムや制度などの仕組みが用意されている必要がある。しかし、これらの条件は、利用者の属性（たとえば研究者と一般市民）によって利用手続きや利用可能範囲が異なること、利用者の知見・習熟度等によって利用成果が異なること、限定公開されたり公開可能時期が異なること、利用が有料であること等とは矛盾しない。デジタルアーカイブの公共的利用という言葉に「誰にでも平等の内容で即時に無料で公開される」イメージがあるとすれば、本書ではその考え方はとらないということである。

その意味で、「著作権、特許権その他規制の制限なしに、すべての人がその希望に応じて自由に利用・再活用できるようにすべき」とするオープンデータ[47]の考え方を、そのままデジタルアーカイブのコンテンツに適用すべきではないだろう。デジタルアーカイブでは、オープンデータはもちろん、商用コンテンツの利用も可能でなければならない。

⑤ コンテンツの信頼性と改変の容易さの両立

記録文書に適用されるアーカイブズ学の真正性の概念をデジタルアーカイブのコンテンツ一般に適用することは不適切であるが、従来の図書館蔵書や博物館資料に対するのと同程度のデジタルコレクションへの信頼性がなければ、デジタルアーカイブは利用価値がなくなってしまうだろう。内容に責任をもつコンテンツ作成者が明示されている、フェイクではない、コンテンツの背景に一定の理論や事実の裏付けがある、コンテンツが安易に改変されない、コレクション全体として整合性がある、など幾つかの要因によってその信頼性は構成されると思われるが、それをひと言で言えば、デジタルコレクションの安定性がその信頼性を保証すると言えるかもしれない。

しかしその一方で、デジタル文化資源の特性としての改変の容易さを活かす工夫も必要である。電子書籍として真っ先に電子事典が考えられたのは、日々各事項内容が変更され・進化することに紙の出版物として恒常的に対応することが不可能だったからである。デジタルアーカイブについても、古い事実や理論に基づいて作成されたコンテンツを、常に最新のものに変更できることに大きな意義があるはずだ。

このような安定性と変動性（改変の柔軟性）を両立させる工夫として、書籍では「版」の概念を導入しているが、それは本全体をひとつのテクスト対象としているからこそ可能なことであり、「マイクロコンテンツ化／その都度のクラスター化」を理想とするデジタルコレクションに版の概念を適用することは困難である。そこではおそらくコンテンツ毎のトレーサビリティを考えることになるのではないだろうか。

⑥　コンテンツの半永久的保存

⑤の信頼性とも大きく関係するが、アクセスできていたコンテンツが一年後には消えていたということでは、デジタル「アーカイブ」としての機能は果たせていないと言わざるを得ない。それでは一体いつまでコンテンツを保存する必要があるのかということになるが、明確な基準があるわけではない。しかし、従来のアーカイブが果たしてきた機能を考えれば、半永久的な保存を前提にしていると考えてよいだろう。そのためには、データ保存への技術的対応（記録媒体の選択、データ保存形式、ストレージ装置、バックアップ等）はもちろん、その対応を可能にするための体制・要員確保、コスト負担などの経営管理上の保障が不可欠となる。また、何らかの理由で特定のデジタルアーカイブの存続が難しくなった場合、それが保管するデータをどこにどのような条件で移管できるか、本来は事前に決めておくのが望ましいが、デジタルアーカイブを運営する個別の組織だけでは対応は難しい。国レベルでの対応の仕組みが必要だろう。

⑦　維持可能な組織の存在

デジタルアーカイブは個人レベルでも構築・運用は可能である。実際そのように運営されている事例は多い。問題は、その個人が維持できなくなった時に、そのデジタルアーカイブも一緒になくなってしまう危険性が高いということである。これは個人レベルに限らず、デジタルアーカイブを運営する多くの組織でも程度の差はあれ生じる問題であり、組織の改編や経営方針の変更によりそれまで維持されていたデジタルアーカイブが廃止されてしまうことは十分ありうる。デジタルアーカイブの存続にとって、それを担っていく組織・体制の確保は不可欠の要因と言えよう。

⑧　戦略性

収集しているコンテンツが明確な収集基準によるのではなく、「集まってきてしまった」コンテンツであったとしても、それらを収集・保管する器としてのデジタルアーカイブ自体は、「何となく」できてしまったものではなく、そのためのシステムや体制づくり、費用負担などを考えたうえで、何らかの目的をもって設置された、ひとつの社会的装置である。これまで見てきたように、デジタルアーカイブはいったんできてしまえば終わりというような静態的なものではなく、コンテンツも機能も常に発展していく動態的なものであり、そこには意図的な経営戦略が必要である。実際にたとえばEuropeanaでは、明確な戦術計画を作成しながら[48]、その発展を期している。こうした発展戦略は、規模の大小にかかわらず、すべてのデジタルアーカイブにとっても必要な条件と考えていいだろう。また、戦略がうまく機能しているか否かを判断するための評価機能も必要である。

デジタルアーカイブはその機能に注目されることが一般的であるが、上記①～⑧に見たように、情報・知識世界において一定の役割を果たすべく期待された社会制度のひとつであり、何らかの「政策」を反映したものである。それでは、その政策とはどのようなものであろうか。第八章では、政策としてのデジタルアーカイブとデジタルアーカイブの政策を表裏一体のものとして、政策の意味も問い直す形で考えてみたい。

注

（1）第六章で明らかにしたように、同じような展開に見える「図書館→デジタル・ライブラリー」と「ミュージアム→デジタル・ミュージアム」とでは、前者が情報・知識のデジタルコンテンツ化という意味で本質的なものであったのに対して、後者は所蔵の一次的対象である美術品や標本のあくまで研究・展示用の代替物としての二次的なデジタル化が主眼であったという点で大きく異なる。

（2）主に、柳与志夫責任編集『入門デジタルアーカイブ』勉誠出版、二〇一七年、を参考に抽出した。この七要素は、規模の大小に関わらず、あらゆるレベル・分野のデジタルアーカイブに共通するように思われる。

（3）現時点では、デジタル化コレクションとボーンデジタルコレクションは、同じデジタルアーカイブの別のコレクションとして扱われていることがほとんどだが、これを融合的に使えるようになってこその「デジタル」コレクションのはずである。

（4）『入門デジタルアーカイブ』二四頁。

（5）<https://en.wikipedia.org/wiki/Dublin_Core>（二〇一九年六月二三日）

（6）もちろん美術館や文書館でも各収蔵品の様々な目録を整備してきたが、それらは図書館における日本目録規則のように各館共通に利用可能なメタデータの標準化・普遍化をめざしたものではなく、研究対象となる各資料の「個別の」情報代替物としての機能を求められていた点で、一般化は難しかった。しかし今後は逆にそのような個別（独自）メタデータの有効性が高まるかもしれない。

（7）代表的なものとしてはＮＤＣ（日本十進分類法）やＤＤＣ（デューイ十進分類法）がある。

（8）<https://en.wikipedia.org/wiki/Library_classification>（二〇一九年六月二三日）

（9）高野明彦ほか「連想に基づく情報アクセス技術：汎用連想計算エンジンＧＥＴＡを用いて」『情報の科学と技術』第五四巻第一二号、二〇〇四年、六三四―六三九頁、参照。

（10）渡邊英徳「デジタルアーカイブと可視化：進化・創発する実践」『デジタルアーカイブ学会誌』第三巻第三号、二〇一九年六月、二九二―二九三頁。

（11）たとえば国会図書館ではホームページの「蔵書構築」の項目で「蔵書をどのように構築するかを示す資料収集の方針」として、蔵書構築と資料収集方針を同一視しているように見える。<https://www.ndl.go.jp/jp/collect/collection/index.html>（二〇一九年七月二一日）

（12）国内の事例で、ネットで公開されているものとしては、慶應義塾大学湘南藤沢メディアセンターの蔵書構築方針が海外の大学図書館並みにわかりやすい。<http://www.sfc.lib.keio.ac.jp/about/cdpolicy/>（二〇一九年七月二一日）

（13）<http://framework.niso.org/5.html>（二〇一九年七月二一日）

（14）二〇一四年に理事会で制定され、二〇一九年に改訂されている。<https://www.carli.illinois.edu/products-services/contentdm/dig-coll-colldevpolicy>（二〇一九年七月二一日）

（15）もともとはアーカイブズ学の考え方であるが、デジタルアーカイブの基本的な成り立ちの違いとして同じように考えることは可能であろう。古賀崇「アーカイブズをいかに位置づけるか」『情報の科学と技術』第六二巻第一〇号、二〇一二年一〇月、を参照。

（16）このことを、ひとつの組織が運営する別々のデジタルアーカイブと捉えるか、ひとつのデジタルアーカイブの中にそのサブグループとなる別々のデジタルアーカイブがある、と考えるべきかの問題は、デジタルアーカイブの「単位」は何かという面白い課題を提起する。

（17）YouTube や Twitter に集まるコンテンツを思い浮かべればいいだろう。

(18) 谷口知司編著『デジタルアーカイブの構築と技法』晃洋書房、二〇一四年、一一一一三頁。
(19) 北本朝展「デジタル・アーカイブの鍛え方　公開から始まる継続的な改善を駆動する方法論」『デジタル・アーカイブとは何か――理論と実践』岡本真・柳与志夫責任編集、勉誠出版、二〇一五年、一七九頁。
(20) 渡邊英徳『データを紡いで社会につなぐ』講談社、二〇一三年、一六四頁。
(21) 同前、一五三―一六五頁。
(22) 江上敏哲「『誰でも』とは誰か　デジタル・アーカイブのユーザを考える」『デジタル・アーカイブとは何か☆――理論と実践』二八頁。
(23) 後藤真「アーカイブズからデジタル・アーカイブへ――『デジタルアーカイブ』とアーカイブズの邂逅」『アーカイブのつくりかた　構築と活用入門』勉誠出版、二〇一二年、一〇六頁。
(24) 同前。
(25) 笠羽晴夫はそれを一九九四年頃と特定している。「デジタルアーカイブの歴史的考察」『映像情報メディア学会誌』第六一巻第一一号、二〇〇七年、一五四五頁。
(26) 月尾自身は、「事実や思考を記録して、それらを時間を経由して後世の人間が参照できるようにし、また、伝達手段を工夫して他所の空間からでも参照できるようにしたこと」がデジタルアーカイブの真髄と考えており、その本質的意義を的確にとらえていたと思われる。月尾嘉男「デジタル・アーカイブの功罪」『電気新聞』二〇〇四年二月九日号、八頁。
(27) 後藤真、前掲論文、一〇六頁。
(28) 吉見俊哉「なぜ、デジタルアーカイブなのか？――知識循環型社会の歴史意識」『デジタルアーカイブ学会誌』第一巻第一号、二〇一七年九月、一三頁。
(29) 渡邊英徳『データを紡いで社会につなぐ』一八二―一八五頁。
(30) 大場利康「デジタル・アーカイブ構築に当たって考えるべきこと」『デジタル・アーカイブとは何か――理論と実践』一四九―一五〇頁。「非市場型デジタル・アーカイブで提供されているコンテンツを元に、市場で流通するコンテンツが作られることも当然ありうるし、市場で流通していたものが、非市場型デジタル・アーカイブのコンテンツに移行することも多々あるだろう。」一五〇頁。
(31) ヨリコビール「ブロックチェーンは音楽業界も変えるのか？　気になる『UJO music』をチェック」を参照。<https://coinchoice.net/ujomusic-change-music-industry/>（二〇一九年八月四日）
(32) 福井健策監修・数藤雅彦責任編集『権利処理と法の実務』（デジタルアーカイブ・ベーシックス第一巻）勉誠出版、二〇一九年。
(33) 生貝直人「デジタルアーカイブの構築に関わる法制度の概観」『権利処理と法の実務』一―一一頁、参照。
(34) 生貝直人「利活用促進のための法律等制度整備について（二〇一八年著作権法改正を中心に）」（二〇一八年九月一九日デジタルアーカイブ研究機関連絡会配布資料）二頁。
(35) 谷口知司「第一章　デジタルアーカイブの展開」前掲書、三頁。
(36)「経産省、デジタルアーカイブの利活用促進のための国際標準の検討を開始」<https://jipstijst.go.jp/johokanri/sti_updates/?id=9581>（二〇一九年八月一三日）
(37) たとえば堺市立図書館におけるBL（ボーイズラブ）事件。Ref.「図問研のページ　堺市立図書館BL図書騒動の報告」『みんなの図書館』第三八二号、二〇〇九年二月、七八―八三頁。
(38) 主著は、*Traité de documentation. Le livre sur le livre. Théorie et pratique*（ドキュメンテーション論：本についての本：理論と実践）（一九三四年）とされるが、それを含めて日本語訳されているものはほとんどない（『ムンダネウム』が訳されているが、本論とは直接関係しない）。<https://en.wikipedia.org/wiki/Paul_Otlet>（二〇一九年八月一五日）参照。
(39) 第五章注（6）参照。
(40) 長尾真「情報学は哲学の最前線」『LRG』第二七号、二〇一九年春号、四四―七六頁。
(41) 石田英敬『大人のためのメディア論講義』筑摩書房、二〇一六年、六五―六七頁。私家版の再録。
(42) それを初めて実装しようとしたのが、一九六〇年～のザナドゥ計画であった。

<https://en.wikipedia.org/wiki/Project_Xanadu>（二〇一九年八月一五日）

(43) 吉見俊哉、前掲論文、一一—一三頁。

(44) 現状では著作権その他の問題があり、単純にはいかないことは確かである。

(45) その後電子媒体の増加に伴って、デジタルコレクション構築方針が大学図書館等で作成されるようになったことは第一節第二項で見たとおりだが、それらはまだ本のイメージを引きずっているように思われる。

(46) 第二章第一節第二項　五四頁。

(47) <https://en.wikipedia.org/wiki/Open_data>（二〇一九年八月一七日）

(48) 杉本豪「Europeanaとこれからのデジタル・アーカイブ」『デジタル・アーカイブとは何か——理論と実践』二一五—二二一頁。

# 第八章　公共政策としてのデジタルアーカイブ

## はじめに

デジタルアーカイブについては、「きわめて政策的課題であるために、技術的適用とあわせて政策論として学ぶ必要がある」[1]「情報技術だけでなく、制度、標準、思想、政策といった側面も取り入れつつ、構築されるべきもの」[2]との指摘があり、実際に我が国でその言葉の生まれた当初から産業振興・地域振興政策と結びついて提示された概念でもあった[3]。本書でも、デジタルアーカイブは単なる情報システムやデータベースではなく、情報・知識の収集・保存・提供を担うひとつの社会的装置として位置づけており、社会政策の在り方と表裏一体の関係にあると考える。そこで本章では、デジタルアーカイブの政策的側面について考察するとともに、「政策」概念をデジタルアーカイブの文脈に置くことによって、新しい公共政策の考え方にもつながっていくことを示したい。

## 第一節　デジタルアーカイブの政策課題

### 1　デジタル文化資源政策からのアプローチ

デジタルアーカイブの仕組みや機能が、そのコンテンツであるデジタル文化資源の特性に大きく左右されるとすれば、デジタルアーカイブの政策課題を考えるにあたって、デジタル文化資源あるいはより広範に文化資源に関わる経営（マネジメント）・政策のあり方について考慮することは有用であり、不可欠な前提とも言えよう。

筆者はかつて実践的な経営・政策論（広義）としての文化情報資源政策論を以下の七分野から構成した。[4] ここで言う「経営・政策論（広義）」は、国や地方自治体による行政的な施策だけでなく、文化資源の発掘・組織化・保存・活用を効果的・効率的に促進するための、様々な主体による方策・指針・施策等の策定と実施全般を対象としている。

①　資源管理論
②　情報組織化論
③　情報システム論
④　知的サービス論
⑤　資源保存論

⑥　産業政策論
⑦　政策論（狭義）

この分類を下敷きに、デジタル文化資源の特性及びその後の技術革新・利用態様等の変化を考慮して、デジタル文化資源に関わる経営・政策論として以下の六分野を想定したい。

①　資源管理・情報組織化論

　デジタル文化資源の収集・組織化・保管・運営管理に関わる分野である。モノの文化資源との大きな違いは、コンテンツの収集と組織化が一体となり、しかもその再編成・再組織化を不断に行うことが可能で、そのための新しい理論研究や技術開発の適用によってコンテンツの価値が変わってくることである。たとえば明治時代の書籍のデジタル化コンテンツは、せっかくデジタル化していてもこれまではそれを検索に活かすだけで、画面で読むのは元の紙面を再現するイメージに囚われがちだった。しかし、その時々のニーズに合わせた特定のテーマ・トピックを設定し、数万タイトルの著作権フリーのテクストを対象にマイクロコンテンツ化・再編成することによって、百年前の文章から新しいテクストを随時生み出すことが可能になる。当然ながらこのようなことは適切なマイクロコンテンツの権利処理ができれば、原理的には過去から現在までのすべてのテクストについて実施可能なのである。問題は、それを実施するための管理運営体制（人材、費用等）の確保や制度整備をどうするかということであり、それは結局経営・政策レベルの課題に行きつく。

　デジタル化した書籍や電子書籍などの「閉じられた・固定化された」テクストのマイクロコンテンツ化・再編成クラスター化でさえもまだほとんど手つかずの現状であるが、デジタル文化資源本来の特徴である外部ネットワーク資源（テクスト、画像、音声等）を恒常的に取り込み、編成してテクスト化していくことの難しさは、技術的な問題というよりも著作権、データ所有権、費用負担、コンプライアンス等様々な社会制度に関わる問題であり、政策的な対応が不可欠なのである。

さらにデジタル文化資源の資源管理・情報組織化にとって切実な問題がある。それはこうした特性を持つコンテンツの収集・クラスター化・編集・管理等を担う専門的人材の確保だ。産業界で近年その必要と人材の不足が喧伝されているデータサイエンティスト的な能力も要求されるポストをこなせる人材は、残念ながら従来の形態の文化資源を主に扱ってきたこれまでのＭＬＡ組織ではすぐには供給できないだろう。もちろんだからと言って、これまで司書・学芸員・アーキビストが蓄積してきた知識・経験・技能が無駄になったというわけではない。たとえば、これまでは研究発表や展示カタログ作成などでしか発揮できなかった学芸員のキュレーション技能がようやく全面的にコンテンツの編成にあたって役立つ場面が出てきたのである。問題はそれを実装できる情報技術や理論をさらに身に着けられるか否かにある。

② 情報技術・ネットワーク論

デジタル文化資源の収集・編成・蓄積・保存・利用等のあらゆる場面で、情報技術の適用は本質的な要因であり、そのための不断の研究開発が行われてきた。電子書籍、ＣＤ、ＤＶＤ等のパッケージメディアの開発からその後のストリーミングサービスまでを思い浮かべるだけでも、そこで行われたデバイス、フォーマット、通信、アルゴリズム、プラットフォームなどのハード・ソフトのあらゆる分野における技術革新がデジタル文化資源活用の発展を支えてきたことがわかるだろう。そうした関連要素技術や応用技術を本項で列挙することは不可能だが、それらの変化・発展が価値中立的な技術志向だけで生じたものでないことは確かだ。標準化をめぐる駆け引き、政府による規制、関連法規の改正、企業間の市場競争、利用者の嗜好性変化、コスト削減など、様々な社会的・経済的・政治的要因がそこに介在している。また、暗号化技術、認証技術、匿名化技術、トレーサビリティ技術、フィルタリング技術など、社会的要望が直接的に反映される技術開発も少なくない。デジタル文化資源への情報技術の適用をそのような観点から捉え直すことは重要であり、特にネットワーク技術の適用については、国際関係を含めてさらにその政治性は高くなると言えるだろう。[5]こうした情報技術の「社会性」は、それが適用されるコンテンツ自体の内容・範囲にも影響を及ぼすのである。

③ アクセス論

デジタル文化資源へのアクセスについては、様々な論点がある。

その重要なひとつにアクセスの保障に関わる制度的問題があり、何をもってアクセスが「保障」されていると考えるかについては、個別のデジタル文化資源の財的側面や態様、生産者・所有者の属性や社会環境、法制度等きわめて多様な要因を考慮する必要があり、一律に論じることはできない。すべてのデジタル文化資源がオープンデータとして扱われることをめざす必要はなく、有料でかつ登録制、会員制、承認制などの何らかの利用条件が課されることもあるだろう。しかし、「文化資源」と言えるためには、最終的にはすべての人が何らかの形でアクセスできることを保障する仕組みが必要である。その第一歩としては、各デジタル文化資源について、有料（価格体系）・無料を含めたそのアクセス条件を明示することがあるように思われる。

デジタル文化資源が、それぞれの特性に応じて、どのような形式・態様・場で利用できるかを考えることもアクセス上の重要問題であり、アクセシビリティに大きな影響をもつ。その在り方は千差万別であり、ここで個別に論じることは不可能であるが、幾つか共通の課題があるように思われる。その一つは、デジタル文化資源のマルチメディア性、特に提示場面におけるコンテンツの出力メディアの多様性（たとえば電子書籍の読み上げ機能のように、書いたものが音声で出力される）がまだほとんど活かされていないことがある。また、利用にあたっては、それが公共サービスであれ、商用サービスであれ、モノの販売で完結するサービスよりも、継続的なサービス形式（サブスクリプションサービスはその典型）で提供されることが少なくないにもかかわらず、サービスという観点からのデジタル文化資源利用の分析が十分なされているとは言い難い。さらに、利用対象コンテンツの価値を高めるキュレーションやエディターシップを担う、新しい専門的人材の在り方についても、まだほとんど議論は進んでいない。

メディアリテラシーやプログラミング教育など個別の議論はその時々で話題が集中することはあっても、基礎教育や高等教育の中で、デジタル文化資源を活用していくためのリテラシーをどのように涵養していくかについては、体系的な議論はほとんどなされていないように思われる。むしろ子供たちは日々のゲーム利用を通じて学んでいるようにも見えるが、アクセシビリティを高めるための利用者教育の在り方は避けては通れない課題だろう。

④ 資源保存論

経営論的・政策論的観点からデジタル文化資源の保存について、四つの論点を挙げたい。当然ながらそこでは保存それ自体が目的ではなく、保存することによって将来にわたって資源を活用していくことが前提になっている。

出版物の網羅的収集と永続的保存を掲げる納本制度に対応する、デジタル文化資源の国家的な収集・保存の仕組みをどう考えるかが第一の論点である。実際に世界の国立図書館の多くでは何らかの形でインターネット情報源や電子書籍その他の様々なメディアにおけるデジタル文化資源の収集・保存に取り組んでいる。[6]しかし、日々生産される膨大なデジタルコンテンツの総量から見れば、それらはわずかな部分に過ぎない。そもそも紙の出版物と類比的に「網羅的」収集を考える意味があるのか、あるとしてそれは可能なのか、あるいは選択的にしかできないとすれば、どのような選択基準を誰が決めるのか、国家や地方自治体、民間の責任分担はどうなるのかなど、問題は多岐にわたり、まさにデジタルアーカイブ、特にナショナルデジタルアーカイブの在り方に直結する。この問題については、第二節で改めて論じたい。

第二の論点として、第七章のデジタルコレクションに関して指摘したコンテンツの真正性と改変性の両立の問題がある。保存されたコンテンツが「本来の」内容を保ったものなのか、意図された、あるいは意図せざる変更を受けたものなのか、その違いが明示される仕組みが必要である。デジタルコンテンツがインターネットを通じて拡散し、様々な改変が加えられることを良しとするのか、それともコンテンツのオリジナリティの保持を重視するか、そこにはテクスト／コンテクストの関係をどのように考えるかという哲学的な問題から、知的財産権の根拠をどこに求めるかという法律問題まで、デジタル文化資源の根源的な性質に関わる問いが横たわっている。

第三の論点としては、デジタル情報保存に関わる技術的問題がある。最新の技術を取り込めば済むわけではなく、保存媒体を例に考えても、現時点では高速性、大容量性、経済性、安全性、安定性などデジタルコンテンツの永続的保存のための要件すべてを同時に満たす単一の記録メディアは存在せず、異なる種類の媒体を用途に応じて組み合わせて利用せざるを得ない。また、物理的側面だけでなく、フォーマットやアルゴリズムの変化に伴う対応も必要である。そして②でも指摘したとおり、技術的問題は純粋な技術の問題にはとどまらず、法規上の規制や費用対効果等の経済性など、社会的・経営的要因によって大きく規定される。

非デジタルの文化資源が、まだまだ社会的に有用な知識や情報の重要な部分を占めていることは間違いない。それらすべてのデジタル化が不可能だとすれば、何をデジタル化し、デジタル保存の対象とするかを判断していくという実際的な問題がある。この問題も、その背景には文化資源としての価値や有用性、経済性、関係者間の利害調整など、様々な社会的要因が存在し、その複雑な組み合わせによってデジタル化の方針が設定されることになる。これが第四の論点である。

⑤ 経済・産業論

デジタル文化資源の経済学の基礎となるべき情報の経済学については、第一章第一節2・1（九―一〇頁）で見たように、既存の情報経済学や情報経営学がその理論的基盤を築いたとはいまだに言い難い状況である。しかし、ブロックチェーンや仮想通貨（暗号資産）が象徴する近年の金融システムにおける情報化・ネットワーク化の進展は、デジタル情報の経済（学）的側面の研究を促すことになるだろう。モノの経済から類比的に考えられてきたコンテンツの生産・流通・消費に関わる経済的分析についても、独自の研究スキームが形成されてくることを期待したい。デジタル文化資源経済学のような固有の分野があるというよりは、そうしたスキームの中で開発された手法を適用してデジタル文化資源の経済的側面を分析することがふさわしいと思われる。

デジタル文化資源の産業論については、二つの点を指摘したい。ひとつは、その範囲である。コンテンツ産業だけでなく、その媒体となるコンピュータ等電子機器製品製造業、ネットワークを支える通信産業、情報サービス業等を含めると広大なものとなり、産業連関表の作成も必要だ。また、商用コンテンツだけでなく、統計情報や観測データを含めた非商用の様々なビッグデータが重要な経済資源と見なされるようになってくると、ひとつの産業分野として考察することが果たして妥当であるか疑問になってくる。

もう一つの点もそれと裏腹の関係にある。デジタル文化資源の生産・流通・消費に関わる産業は、水産業、製造業、サービス業などと並ぶ一つの産業分野ということではなく、すべての産業分野に必要なデジタル情報の供給に関わるものであり、ＡＩやIoTの産業展開を考えるうえでも、その一分野というよりもそれを支える産業基盤と考えたほうがよさそうだ。一種のインフラ産業である。そうすると、それは営利的側面だけではなく、公共的側面も考慮する必要があり、国や地方自治体等公的機関の関与も重要な要因となる。

⑥ 法制度・政策論（狭義）

デジタルアーカイブをめぐる法的環境要因については第七章第二節第三項ですでに言及した。当然ながら著作権や肖像権等に関わるそれらの要因は、デジタル文化資源自体に関わる問題でもある。そしてそこで指摘したように、デジタル情報に対応した新しい情報関連法体系の構築が求められていることは確かだが、まさにそれは国策レベルの問題であろう。ここではそのような国策レベルの狭義の政策論について、二、三触れておきたい。

デジタル文化資源に関しては、ビッグデータやマンガ・アニメ・ゲームなど個別のコンテンツに対応した政策は存在するが、それら全体を俯瞰し、国として未来の重要な戦略資源として活用していくための、国際化や地域活性化に対応する総合戦略は形成されていない。我が国で産出されたデジタル文化資源全体の長期的保存をどこまで保障するかはその中で議論されるべき重要課題であり、デジタルサイエンティストやデジタルアーキビストの養成も、こうした全体戦略の文脈においてこそ検討される意味がある。

地方創生については、この数十年来政府として重点的に取り組んでいる施策でありながら、十分な成果を上げているとは言い難く、各地の人口減少は歯止めがかからない状況である。デジタル文化資源は人口の多寡や交通インフラ、居住地とは関係なく利用できる、普遍的な資源であることを考えると、その活用を図る施策がもっと考えられていいだろう。

国際戦略についても同様である。日本の技術貿易収支における知的財産権等使用料の黒字額が飛躍的に伸びる一方で、著作権使用料については赤字が膨らんでいるとされる。(7)我が国のコンテンツ輸出に関して、これまでは最大の障壁として日本語が挙げられていたが、機械翻訳の発達や日本文化への関心の高まりを好機と捉えた、クールジャパン的な発想に限定されない総合的な対応が必要だろう。

デジタル文化資源に関わる経営・政策論として本節では以上の六点を挙げたが、これを第一章で示した、一九九〇年代後半から二〇〇〇年代前半のEUにおける政策文書を参考に筆者らが作成した文化情報資源政策を展開するために考慮すべき以下の十五の要件と比べてみると、(8)そこから二十年以上経過しながら、ほぼそのまま現在の課題として残っていることがわかるだろう。

①包括的戦略の必要性、②関連機関の協力・人材開発、③コンテンツ開発における方法論の開発、④市場の開拓・アクセスの容易化、⑤保存政策の形成、⑥著作権など知的財産の保護、⑦権利管理と有料サービスのためのライセンシング、⑧ビジネスモデルの開発、⑨born-digital 資料の保存（法定納本）、⑩コンテンツフォーマットの標準化、⑪大量デジタル化のための技術開発、⑫標準的メタデータの開発・利用者にとって利用しやすい典拠ファイルや多言語シソーラスの開発、⑬インテリジェントなシステムの開発、⑭権利保護と

利用を両立しうる技術環境の整備、⑮長期保存のための研究開発

## 2　デジタルアーカイブの課題：政策的観点から

上記第一項におけるデジタル文化資源に関わる政策課題、第三章の地方新聞のデジタル化・活用に係る四つの課題整理(9)（法制度的・倫理的、経済的、社会的、技術的課題）及び第七章におけるデジタルアーカイブの要因分析を参考に、デジタルアーカイブに関わるこれからの政策課題を以下の八点に整理してみた。

### ①　デジタルアーカイブ概念の明確化と普及

近年急速に「デジタルアーカイブ」が言葉の上でも、また実際上も広まってきたが、その概念については、社会的共通理解はもちろん、関係者の間でも合意があるとは言い難い。現実の制度としても、概念的にもデジタルアーカイブは進化途上にあり、現時点での厳密な定義づけはかえってその発展の芽を摘んでしまいかねない。とは言え、デジタルアーカイブを政策対象として位置付け、今後の制度整備を図っていくためには、たとえばグーグルやジャパンサーチをデジタルアーカイブと見なすか否かの判断基準となる基本的な要件定義が不可欠だ。全国でデジタルアーカイブが幾つあるのかというような、政策形成の基本となる統計づくりも定義なしでは難しい。本書第七章でも八つの条件を挙げて(10)デジタルアーカイブと呼ぶための標準化を試みたが、今後関係者間の協議による緩やかな定義づけと不断の見直し・修正作業が必要になってくるように思われる。それによって、デジタルアーカイブの社会的認知度も高まってくるだろう。それはデジタルアーカイブを政策対象として「発見する」ための前提となる。

② 設置の促進と制度整備

近年の我が国におけるデジタルアーカイブ（あるいはそう呼称されているもの）の増加は間違いないとしても（①で指摘したように統計的な裏付けができるようにする必要がある）、量的な拡大に加えて、質的側面での充実が望まれる。各機関・各地で取り組まれているデジタルアーカイブ構築の動きを経済面、技術面、人材面等で支援できる仕組みを整えるとともに、利用制度や運営方法などのモデル化やシステムに適用できる技術の標準化など、社会制度としてのデジタルアーカイブの定着を図る必要がある。但し、デジタルアーカイブにはそれぞれの設置目的があり、個人を含めた設置主体の意図を損なうような過度のモデル化・標準化は避けるべきだろう。多様なデジタルアーカイブを利用目的に応じて使い分けることを保障する社会システムを構築することが、国レベルあるいは地方自治体レベルのデジタルアーカイブ政策の重要課題と考えられる。

③ 法規整備

デジタルアーカイブに関わる法規整備の必要性についてはすでに何度も言及してきたが、博物館法や図書館法の存在を考えれば、現在何の法的根拠もないデジタルアーカイブの基本法制定が必要だろう。多様性を尊重するとしても、デジタル文化資源のネットワーク化や共同利用というデジタルアーカイブ本来の目標を共有しない恣意的なシステムが、デジタルアーカイブの呼称で乱立することは望ましくないと思われる。国や地方自治体による予算化や施策形成も根拠となる法律があっての話である。また、著作権法、個人情報保護法等関連する法律条文の洗い出しとそれに基づく改正も必要だ。こうした法律や政令、条令などのハードロー面での対応に加えて、デジタルアーカイブに関してはソフトローの側面が重要である。

デジタルアーカイブは、表現の自由、学問の自由、情報公開、個人情報保護など基本的人権や公共的知識基盤整備に関わる部分が大きく、これらをすべて法規で規定することはふさわしくない。たとえば、画像や映像が中心的役割を果たす災害アーカイブにおいて、肖像権等の処理が長年課題になっており、その処理の煩雑さ・困難さが理由で公開されていないデジタルアーカイブも少なくない[11]。その対処方法として、肖像権法を制定すれば済むというようなことではなく、法律団体や関係学会、NPO等が主導し、多様な関係者が実質的に関与してガイドラインを作成するなどのソフトロー的な対応が望ましいだろう[12]。

④　政策主体の多元化と協力体制

デジタルアーカイブの設置・運営主体は、国あるいはEUのような国の連合体から、地方自治体、企業、各種団体、大学・学会、NPO、そして個人まで、極めて多様で規模の違いも大きい。上記①〜③のように共通して取り組むべき課題も少なくないが、一方でそれぞれの事情に応じた課題設定が必要であり、運営の主体性が確保されなければならない。基本法制定のような国を挙げて取り組む課題もあるが、多様な主体が多元的に関わりながら、ネットワーク的な協力関係を構築していくことが理想的であり、その仕組みについては第二節で論じることにしたい。

⑤　教育制度の整備

運営側・利用側両面で課題は山積している。

デジタルアーカイブの構築・運用を中心的に担うデジタルアーキビストには、「対象分野の理解、デジタルアーカイブ化の技術、関連法令と倫理の理解、デジタルアーカイブを開発するプロデュース力、コミュニケーション力が求められる[13]」とされ、我が国では岐阜女子大学などが中心となって設立した日本デジタル・アーキビスト資格認定機構により二〇〇六年以来五千人に近い有資格者が養成されているが、資格取得のための研修会実施場所は限定され、全国的に展開しているとは言い難いのが現状である(14)。また、全国レベルでのカリキュラムの標準化も今後の課題だ。デジタルアーキビスト教育を受けなくても、個人やグループで専門分野のデジタルアーカイブを構築し、運営している事例が少なくないことを考えれば、そのような人たちを対象に継続的に知識や技術を提供できる仕組みをつくることが実際的かもしれない。さらに、教育する側の人材が足りていないことも問題である。

三宅らが上記デジタルアーキビストの要件として「デジタルアーカイブを開発するプロデュース力」を挙げていることは重要な指摘である。旧来の図書館、博物館等においては施設の整備や運営組織管理の担当者は別で、学芸員や司書が資料収集や利用者サービスなど個別の専門業務に専念しがちなのに対して、ひとつの情報システムの中で機能するデジタルアーカイブでは、たとえ複数の担当者がいる場合でも、それぞれがプロデューサー的な全体的観点から取り組むことが不可欠である。

デジタルアーカイブを使う側にもリテラシーが必要である。デジタルアーカイブの利用にあたっては、グーグル検索をするのと大きな違いはないと言えなくもないが、筆者の経験では(15)、短期の研修をするだけで、デジタルアーカイブへの理解が進むだけでなく、自分独自のデジタルアーカイブを作ってみようという意欲や自信を引き出すことも可能なように思われる。社会人も対象に含めた、二週間毎日程度の短期集中研修コースをすべての大学で開設してもいいかもしれない。

⑥　新しい情報技術の適用

デジタルアーカイブを使う目的はデジタルコレクションの利用が第一であることは間違いない。したがってそこで使用される技術・方法はあくまでそれを効率的・効果的にするためのトゥールであり、デジタルアーカイブ特有と言えるような要素技術はほとんどないかもしれない。しかし、データベース、検索、データ保存、ネットワーク、UIなどデジタル情報の収集・蓄積・組織化・保存・利用に関わるあらゆる機能がデジタルアーカイブでは一体化しており、様々な分野の新しい情報工学理論や情報技術を適用する格好の場と考えることもできる。そうした技術上・理論上の試行を重ねることで、情報技術・情報理論の発展を支えるとともに、デジタルアーカイブ自体が発展していく契機にもなるだろう。近年のIIIFやLODなどの適用はその好例と言える。それらはデジタルアーカイブ固有の技術ではないが、それをデジタルアーカイブ機能に適用することで技術の発展・精緻化が図られ、広く他分野への展開も容易になったように思われる。こうした情報理論・技術のテストベッド的可能性を広げるためには、デジタルアーカイブの改善に必要な理論・技術は何かを明確に提示し続けることが必要である。

⑦　産業振興

デジタルアーカイブはその当初から、MLAや大学、国や地方自治体などが設置主体となることが多かったため、その公共的側面が強調されがちだった。しかし、第七章で示したデジタルアーカイブであるための八つの判断基準：デジタルコレクションの形成、時間・空間を超えた利用、ネットワーク性、公共的利用可能性、コンテンツの信頼性と改変の容易さの両立、コンテンツの半永久的保存、維持可能な組織の存在、戦略性は、デジタルアーカイブが営利で行われることを排除しない。実際に全国紙のデジタルサービス等デジタルアーカイブと見なしていい営利サービスの実例も少なくない。デジタルアーカイブの社会的実用性を高めるためには、営利・非営利の各種デジタルアーカイブを目的に応じて使い分けられる多様性が求められる。

従来デジタルアーカイブに関わる産業としては、資料のデジタル化や構造化、システム化委託など、デジタルアーカイブの構築・運用を支援するための「補助的」業務のイメージが強かったように思われる。しかしデジタルアーカイブの本質をデジタルコレクションの活用のための社会的装置と考えれば、ＭＬＡ情報や政府情報、学術情報にとどまらず商用コンテンツ、企業レコード、地域文化資源など、あらゆる種類のデジタル文化資源の収集・編集、保管・蓄積、流通、利用に関わる新たな産業分野としてデジタルアーカイブ産業を位置づけることができる[16]。それはコンテンツ産業を支える基盤産業としての意味もあるだろう。

このようにデジタルアーカイブ産業を考えたとき、その振興には多くの課題がある。先ず何より、デジタル文化資源本来の特性を活かした新しい産業分野としての社会的認知を得ること、そのためには産業分野としての範囲と特性を明確化することが必要だ。近年のビッグデータの産業的利用価値への着目は、デジタルアーカイブ産業離陸への重要な契機となるかもしれない。また、技術の共通化、関連法規の整備、人材養成など、デジタルアーカイブ産業を担う各種事業者の共通基盤の形成・連携による相乗効果が望まれる。

⑧　存続と信頼性の確保

デジタルアーカイブがアーカイブである限り、その継続性・発展性は重要な前提条件となる。しかし、国や大学など設置母体となる組織が担保となる場合は別として（その場合でも担当者の異動や経営方針の変更によってデジタルアーカイブが「お蔵入り」してしまう可能性は小さくない）、地方自治体や企業、ＮＰＯ等が運営するデジタルアーカイブがある時点でまったく更新されなくなったり、廃止されてしまうケースはしばしばある。ましてや、個人が構築・運営するものは、その没後も引き継がれることのほうが稀であろう。デジタルアーカイブの継続性の担保、消滅の防止は、草創期からの課題であり、議論も重ねられてきたが明快な解決策はまだ見えていない[17]。運営主体との関係で消滅が止められないものとすれば、それをどのように引き継ぎ、さらに発展させられる仕組みをつくるかが次の重要な課題となる。運営組織だけでなく、システムやデータフォーマット等の互換性も大事な要因だ。

個別のデジタルアーカイブの信頼性をどのように担保するかも大きな課題である。デジタルコレクション全体の質的評価の問題もあるが、デジタル文化資源の可変性・編集性・インタラクティブ性等の特性を活かしつつ、そうであるが故の消去、改竄、不正追加などのリスクをどのように回避・低減させることができるか、システム・運営の両面での対応策が必要である。

これらの課題すべてに今すぐ解決策を提示することはできないが、どのような仕組みで取り組むことが望ましいか、デジタルアーカイブの政策主体の観点から第二節では考えてみたい。

## 第二節　デジタルアーカイブ政策の意義

### 1　デジタルアーカイブ政策の諸相

デジタル文化資源の活用あるいはデジタルアーカイブの構築・活用に関わる政策は第一章で見たようにＥＵを始め世界各国で取り組まれているが、それらは主に国家レベルの政策となっている。しかし、情報や文化資源に関わる政策分野については、その生産・流通・蓄積・利用における大学、ＮＰＯ、企業、地域コミュニティ等民間が政策形成に果たす役割の重要性と、その実現手段が法律等権限に基づくよりも説得や誘導が中心となることに鑑みて、政策主体を国あるいはせいぜい地方自治体までに限定するのは適切ではないことをすでに筆者は指摘したところである。[18]また、それを受けて「政策」の新たな定義についても提案している。[19]本書でもその考え方を受け継ぎ、以下の意味で「政策」を理解したい。

「望ましい社会の形成と個人生活の充実を目標とし、それらを達成するため社会全体の資源配分及び資源活用に関して、政府その他の社会組織が公共的に決定した基本方針とそれを実現するために必要な具体的な計画」

このような視点から第一節で示した課題解決の手段としてのデジタルアーカイブ政策を見ると、大きく三つのフェイズ：国際的・国家的レベル、個別組織レベル、地域コミュニティレベルに区別できるように思われる。

二〇〇〇年代初頭のグーグルの書籍デジタル化プロジェクトが世界各国の国立図書館等におけるデジタル化と国レベルのデジタルアーカイブ構築に与えた影響の大きさは疑いない。[20]しかし一方で、第一章で見たように、もともと各国では文化情報資源の活用が文化政策としてだけではなく、将来の産業政策、教育政策等あらゆる政策分野で重要な役割を果たすと考え、政策的な取り組みを重視していたので、グーグルの動きはそれを加速させただけとも言えよう。しかもアナログ資料のアーカイブと異なり、ネットワークを前提とするデジタルアーカイブについて、国家レベルと国際レベル、あるいは公共セクターと民間セクターの間に明確な線を引くことは困難だ。[21]

こうした海外の状況と比べると、我が国における国レベルのデジタルアーカイブ政策形成は遅れていると言わざるを得ないだろう。[22]政府レベルの取組は、過去においては自治省・文化庁・通産省（一九九六年当時）が共同して取り組んだこともあったが、[23]近年は知的財産戦略本部による知的財産推進計画二〇一四以降の位置づけと、それを受けた統合ポータルとして機能する国立国会図書館によるジャパンサーチの開設ぐらいで、関係府省における具体的な施策化はほとんどなされていない[24]。むしろ、個人・NPOが中心となって二〇一五年からに二〇一九年まで開催されたアーカイブサミット[25]、二〇一七年設立のデジタルアーカイブ学会、同じく関連企業団体として二〇一七年に設立されたデジタルアーカイブ推進コンソーシアムなど、民間レベルの政策形成の動きが目立つ。その中でデジタル文化資産推進議員連盟による「デジタルアーカイブ整備推進法（仮称）」論議が始まったことは注目に値する。その内容については、次の第二項で考察したい。

Europeana の事例を参考に、生貝直人は我が国のナショナルデジタルアーカイブの三つの成立条件として、第一条件「それぞれの地域や分野、個別のアーカイブ機関が蓄積してきた専門性や自律性、多様性、独自性を尊重し、それを強化する」こと、さらに第三条件として「社会における知識の創造、記憶の継承、共同体のアイデンティティ形成を促す」ことを挙げているが[26]、それらは先ず組織レベル・地域コミュニティレベルで実現されなければならないことであろう。それによって、国主導のデジタルアーカイブのデメリットとして阿部らが挙げている「扱われる対象の限定性や、選択基準の非柔軟性[27]」を補い、国全体としてのデジタルアーカイブの多様性を担保することになるのである。

現存するデジタルアーカイブは、大学、地方自治体、企業、各種団体、MLA等各種組織がそれぞれの目的に応じて構築・運用するものが最も多いだろう。当然ながら課題解決のための政策主体は第一義的にはそれらの組織自体ということになるが、単独では対応に限界があることも確かだ。その解決策として、大学なら文部科学省、地方自治体なら総務省というような所管官庁、それぞれの組織の属性に応じた関連諸団体（業界団体、協会、協議会、学会等）、利用者などを巻き込んだ多様性のある政策主体を形成することはできないだろうか。たとえば該当組織外の関係者から成るデジタルアーカイブ評議会を設置し、定期的に意見交換をしながら、当該デジタルアーカイブの運営への関与を深めてもらうことが考えられる。組織業務本体に外部関係者をコミットさせることには難しい点が多いが、どのような組織に属していたとしても、各デジタルアーカイブの持つ公共性の側面を重視することがそれを可能にするように思われる。

コミュニティデジタルアーカイブについては、地域の文化資源の保全・活用や地域の伝統の継承と言った歴史的な視点を持つものだけではなく、現在の様々な地域の社会活動を記録し、今後の活動や運動の拡大に役立てる、あるいは観光情報として国内外に発信していくなど、その目的は多彩だが、近年各地の取組が活発化しているのは確かだ。『デジタルアーカイブ学会誌』で取り上げられた事例だけでも[28]、沖縄における教育資料、ウィキペディアタウンの活用、アイヌ衣服・文様、白川郷和田家文書、市民参加のデジタルアーカイブ構築、自治体史編纂、市町村立図書館におけるデジタルアーカイブ構築、地方自治体例規集、飛騨高山匠の技、東日本大震災、琉球政府文書、南城市古写真、横浜市電、伊丹市酒造り唄、蓼科学、北海道開拓地、三池炭鉱等々、さらにはオーストリアや英国の事例まで、地域、テーマ、取組主体も極めて多様であり、上記生貝が挙げたナショナルデジタルアーカイブを形成していくための二つの条件を満たしているのがわかる。このような条件が整ってこそ、地域活性化という国レベルの政策にデジタルアーカイブが貢献しうる可能性が生じる。地域コミュニティレベルにおけるデジタルアーカイブの強みは、あらゆる背景・属性を持つ地域の個人・団体・機関が、単なる作業者ではなく、企画・構築・運用に主体的に関わることができ、それを全国レベルの大学、報道機関、専門職団体等が支援する仕組みをつくることができることだろう。それがまさにデジタルアーカイブの政策主体の多様性を象徴しているのである。

地域の文化、歴史、自然、生活、社会活動、労働などをデジタルアーカイブ化し、それを地域の知識基盤として共有化することは、多様な文化から成る日本文化全体の発展にもつながることになるだろう。

## 2　デジタルアーカイブ基本法を考える

本書ではデジタルアーカイブ政策を論じるにあたって、国レベルの政策だけでなく、むしろデジタルアーカイブの構築・運営主体やそれに関わる様々な関係者[29]（ステークホルダー）による組織・地域レベルの政策の形成・運用に着目している。しかしそうは言っても、国としての方向性や政策基盤の形成についての枠組みを示すこと（あるいは示さないこと）は、個別の取組に大きな影響を持つことも確かである。その好例が二〇〇一年に議員立法として成立した文化芸術振興基本法である。同法成立当時は、このような具体性に欠ける基本法でほとんど実効性はないのではないかという批判も少なくなかった。しかしその後の関係者の努力もあり、文化関連予算の増額や諸施策の展開を受けて、その理念・計画をさらに進めるための文化芸術基本法（二〇一七年）に改正されている[30]。

そこで本項では、二〇一八年五月に超党派からなるデジタル文化資産推進議員連盟総会で示された「デジタルアーカイブ整備推進法案（仮称）骨子案」（衆議院法制局）を具体例に、第一節第二項で論じたデジタルアーカイブの政策課題①～⑧の解決に向けて基本法が果たすべき役割について考えてみることにしたい。なお、同骨子案については、すでに福井健策・藤森純両氏による法律面からの的確なコメントがあるので[31]、重複のないようにデジタルアーカイブ政策・機能面から見たコメントに限定したい。

「デジタルアーカイブ整備推進法案（仮称）骨子案」（以下、太字部分が骨子案原文、一部省略）

**第一　総則**

**一　目的**

**この法律は、デジタルアーカイブが新たな知的財産の創造及び経済活動の重要な基盤となるものであることに鑑み、デジタルアーカイブの整備の推進に関し、基本理念を定め、国、地方公共団体及び事業者の責務を明らかにし、並びにデジタルアーカイブの整備に関する推進計画の作成その他デジタルアーカイブの整備の推進に関する施策の基本となる事項を定めるとともに、デジタルアーカイブ整備推進協議会を設置することにより、デジタルアーカイブの整備の推進に関する施策を総合的かつ効果的に推進することを目的とすること。**

デジタルアーカイブを「知的財産の創造及び経済活動の重要な基盤」とすることは意義があるが、限定的に過ぎるかもしれない。学術の振興、市民生活の充実等も含めた広い意味での社会共通の知識基盤となることが重要と思われる。国や地方自治体にとどまらず、事業者の役割にも言及したことは注目してよい。それは産官学民から成る（だろう）「デジタルアーカイブ整備推進協議会」の設置とも絡んで、課題④「政策主体の多元化と協力体制」の実現に関わってくるはずだ。

**二　定義**

**1　この法律において「知的財産データ」とは、電磁的記録（電子的方式、磁気的方式その他人の知覚によ**

っては認識することができない方式で作られる記録をいう。）に記録された知的財産（知的財産基本法（平成十四年法律第百二十二号）第二条第一項に規定する知的財産をいう。）に関する情報であって、歴史上、芸術上、学術上、観賞上又は産業上価値のあるものをいうこと。

2　この法律において「デジタルアーカイブ」とは、知的財産データを含む情報の集合物であって、特定の知的財産データを電子計算機を用いて検索することができるように体系的に構成したものをいうこと。

この部分は法律上初めての「デジタルアーカイブ」の定義となり、課題①「デジタルアーカイブ概念の明確化と普及」に大きく関係する。福井・藤森が指摘するように[32]、「価値のある」情報という規定で議論が分かれそうだが、十分検討に値する提案であるように思われる。学会や産業界を含めて多様な関係者間の議論が期待される。

三　基本理念

1　デジタルアーカイブの整備の推進は、デジタルアーカイブが新たな知的財産の創造及び経済活動の重要な基盤となる社会の実現を目指し、我が国の知的財産データが、永続的に利用することができるよう保存され、及び国民がインターネットその他の高度情報通信ネットワークを通じて容易に利用できる方法で提供されることを旨として、行われなければならないこと。

2　デジタルアーカイブの整備の推進は、文化の継承及び発信、教育の振興、防災対策の推進、福祉の増進、医療の充実、観光の振興等を通じて地域及び我が国経済の活性化に資することを旨として、行われなければならないこと。

**3　デジタルアーカイブの整備の推進に当たっては、情報通信の技術の利用における安全性及び信頼性が確保されるとともに、個人及び法人の権利利益、国の安全等が害されることのないようにされなければならないこと。**

**4　デジタルアーカイブの整備の推進は、国及び地方公共団体の有する知的財産のみならず、事業者その他の者の有する知的財産についてデジタルアーカイブの整備を推進するための措置を講ずることにより、行われなければならないこと。**

**5　デジタルアーカイブの整備の推進は、我が国の知的財産データが広く世界へ発信されることを旨として行われなければならないこと。**

やはり「知的財産の創造及び経済活動」に重点が置かれ過ぎている印象はあるが、課題②「設置の促進と制度整備」、⑥「新しい情報技術の適用」、⑦「産業振興」、⑧「存続と信頼性の確保」に応えるものと言える。本書では課題として抽出できなかった国際発信にも配慮されていることは注目したい。

**四　国の責務**

**1　国は、基本理念にのっとり、デジタルアーカイブの整備の推進に関する施策を策定し、及び実施する責務を有すること。**

**2　国は、事業者が行うデジタルアーカイブの整備のために必要な技術上及び財政上の援助に努めなければならないこと。**

五　地方公共団体の責務
地方公共団体は、基本理念にのっとり、デジタルアーカイブの整備の推進に関し、国との適切な役割分担を踏まえて、その地方公共団体の区域の実情に応じた自主的な施策を策定し、及び実施する責務を有すること。
六　事業者の責務
事業者は、基本理念にのっとり、当該事業者の有する知的財産のデジタル化及び当該事業者が整備するデジタルアーカイブの適切な管理に努めるとともに、国又は地方公共団体が実施するデジタルアーカイブの整備の推進に関する施策に協力するよう努めるものとすること。

国、地方自治体、それに加えて民間事業者の責務にも言及した点で重要である。また地方自治体ではこれまでにもそれぞれの施策分野の必要に応じて様々なデータベースが作成されてきたが、自治体全体としてどのように活用していくのかの視点があまりなく、埋もれてしまっているものも少なくないように思われる。「その地方公共団体の区域の実情に応じた自主的な施策を策定し」という指摘は、国任せになりがちな政策形成における自主性を促すものと言えるだろう。

七　法制上の措置等
政府は、デジタルアーカイブの整備の推進に関する施策を実施するため必要な法制上、財政上又は金融上の措置その他の措置を講じなければならないこと。

まさに課題③「法規整備」に対応するとともに、財政上・金融上の措置への言及は、その後の予算化に向けて重要な手掛かりとなる。

第二　デジタルアーカイブ整備推進基本計画

1　政府は、デジタルアーカイブの整備の推進に関する施策の総合的かつ計画的な推進を図るため、デジタルアーカイブ整備推進基本計画を策定しなければならないこと。

2　デジタルアーカイブ整備推進基本計画は、次に掲げる事項について定めるものとすること。

(1)　デジタルアーカイブの整備の推進に関する施策についての基本的な方針

(2)　国の行政機関におけるデジタルアーカイブの整備の推進に関する事項

(3)　地方公共団体並びに事業者及び個人におけるデジタルアーカイブの整備の推進並びにデジタルアーカイブの提供及び活用に関する事項

(4)　デジタルアーカイブの整備の推進に関し政府が重点的に講ずべき施策

(5)　(1)から(4)までに掲げるもののほか、デジタルアーカイブの整備の推進に関する施策を総合的かつ効果的に推進するために必要な事項

3　デジタルアーカイブ整備推進基本計画に定める施策については、原則として、当該施策の具体的な目標及びその達成の期間を定めるものとすること。

4　主務大臣は、デジタルアーカイブ整備推進基本計画の案を作成し、閣議の決定を求めなければならないこと。

**5　主務大臣は、デジタルアーカイブ整備推進基本計画の案を作成しようとするときは、関係行政機関の長に協議するとともに、デジタルアーカイブ整備推進協議会の意見を聴くものとすること。**

**6　政府は、デジタルアーカイブ整備推進基本計画を策定したときは、遅滞なく、これを国会に報告するとともに、インターネットの利用その他適切な方法により公表しなければならないこと。**

**7　政府は、適時に、3の規定により定める目標の達成状況を調査し、その結果をインターネットの利用その他適切な方法により公表しなければならないこと。**

**8　政府は、デジタルアーカイブの整備に関する状況の変化を勘案し、及びデジタルアーカイブの整備の推進に関する施策の効果に関する評価を踏まえ、少なくとも三年ごとに、デジタルアーカイブ整備推進基本計画に検討を加え、必要があると認めるときには、これを変更しなければならないこと。**

**9　4から6までの規定は、デジタルアーカイブ整備推進基本計画の変更について準用すること。**

一般的に政府が基本計画を策定する際に行うべきことをデジタルアーカイブに適用した項目が並ぶが、主務大臣をどうするかは法案の性格を決める重要な要因である。本骨子案では、第1条〜第3条の規定から推測すれば、経済産業大臣が想定されているように思われるが、他の考え方もあるだろう。デジタルアーカイブが知識基盤としてあらゆる人間の知的活動分野に関わるとすれば、特定分野の主務大臣を置くのはふさわしくなく、内閣府などの横断的所管部門が適当とする考え方もあるかもしれないが、行政的な権限（法案作成や予算獲得等）が伴わず、実効性がなくなってしまう可能性もある。今後多方面から議論すべきだろう。

第三　基本的施策

一　国は、デジタルアーカイブを活用する多様な主体の連携を確保するため、デジタルアーカイブに係る規格の整備及び互換性の確保その他の必要な施策を講ずるとともに、デジタルアーカイブの相互の利用を促進し、容易に横断的に検索できるようにするために必要な措置を講ずるものとすること。

二　国は、広く国民が知的財産データの恵沢を享受できるよう、年齢、身体的な条件その他の要因に基づくデジタルアーカイブの活用の機会又は活用のための能力における格差の是正を図るために必要な措置を講ずるものとすること。

三　国は、歴史上、芸術上、学術上、観賞上又は産業上価値の高い知的財産について、国、地方公共団体、事業者、個人等の多様な主体によるデジタルアーカイブの整備を支援するために必要な措置を講ずるものとすること。

四　国は、我が国のデジタルアーカイブに記録された知的財産データの海外への発信を促進するため、その知的財産データの外国語への翻訳を支援するとともに、海外におけるデジタルアーカイブの整備に関する協力及び我が国のデジタルアーカイブと海外のデジタルアーカイブの相互の利用の促進のために必要な措置を講ずるものとすること。

五　国は、知的財産データの保存及び活用に関する研究、デジタルアーカイブに記録された知的財産データの検索に関する技術についての研究、デジタルアーカイブの整備の状況に関する実態調査その他の調査研究を推進するために必要な措置を講ずるものとすること。

**六　国は、国民が広くデジタルアーカイブに対する理解と関心を深めることにより、デジタルアーカイブが整備され、及び活用される社会を実現できるよう、デジタルアーカイブに関する教育及び学習の振興並びに広報活動等を通じたデジタルアーカイブに関する知識の普及のために必要な措置を講ずるものとすること。**

**七　国は、デジタルアーカイブの整備を推進するため、事業者と緊密な連携協力を図りながら、デジタルアーカイブに関する専門的知識を有する人材の確保、養成及び資質の向上に必要な措置を講ずるものとすること。**

**八　国は、デジタルアーカイブの整備に係る事務の総括及び情報の集約に関する機能の強化の在り方その他のデジタルアーカイブの整備の推進を担う組織の在り方について検討を加え、その結果に基づいて必要な法制上の措置を講ずるものとすること。**

全体を通じて「デジタルアーカイブの整備及びデジタルアーカイブを活用する多様な主体の連携」を重視していることは本書の立場と通じている。技術開発を含めた多くの課題に対応する規定となっているが、特に六、七は課題⑤「教育制度の整備」に応えるものになっている。また、八の規定は、実質的な国のデジタルアーカイブ政策を担う実行機関（ナショナルデジタルアーカイブ）を想定したものとなっており、法律が空文化しないためにも、その設置に向けての検討は不可欠であろう。

**第四　デジタルアーカイブ整備推進協議会**

**1　○○省に、デジタルアーカイブ整備推進基本計画に関し、第二5（9で準用する場合を含む。）に規定する事項を処理するため、デジタルアーカイブ整備推進協議会（以下「協議会」という。）を置くこと。**

**2　協議会は、委員○人以内で組織すること。**

**3　協議会の委員は、デジタルアーカイブの整備の推進に関して十分な知識と経験を有する者のうちから、主務大臣が任命すること。**

**4　協議会の委員は、非常勤とすること。**

**5　2から4までに定めるもののほか、協議会の組織及び運営に関し必要な事項は、政令で定めること。**

第一条の規定をさらに敷衍したものとなっているが、協議会の実効性を担保するためには、国レベルだけでなく、組織や地域における様々な形での政策的なコミットが必要である。

**第五　その他**

**一　施行期日**

**この法律は、○○から施行すること。**

**二　検討**

**1　政府は、この法律の施行後三年を目途として、国等から補助金その他の給付金の交付を受け、これをその経費の全部又は一部に充てて制作され又は収集された知的財産データのインターネットその他の高度情報通信ネットワークを通じた提供及び当該知的財産データに係る利用の促進に係る制度の在り方について検討を加え、その結果に基づいて所要の措置を講ずるものとすること。**

**2　権利者不明知的財産データ（知的財産データのうち、権利者等（著作権者、当該知的財産データに係る**

知的財産の所有権者及び当該知的財産データの利用に関し利害関係を有する者をいう。）の不明その他の理由により相当な努力を払ってもその権利者等と連絡することができないものをいう。）のインターネットその他の高度情報通信ネットワークを通じた提供に係る制度の在り方について検討を加え、その結果に基づいて所要の措置を講ずるものとすること。

3　政府は、国民、事業者等による知的財産データの活用を促進するため、知的財産データの取引の活性化を図るための施策その他の必要な施策を講ずるものとすること。

4　政府は、1から3に定める事項のほか、この法律の施行後三年以内に、この法律の施行の状況について検討を加え、必要があると認めるときは、その結果に基づいて所要の措置を講ずるものとすること。

この部分はオープンデータ政策やオーファン作品対策に関わる法律問題に加えて、「知的財産データの取引の活性化を図るための施策」という経済政策も視野に入れている点で注目される。課題⑦「産業振興」でも指摘したとおり、デジタルアーカイブの産業性を高めることは、その継続性や有用性を高めるうえでも重要な要因となるだろう。

以上見てきたように、同骨子案はその具体的提案内容の是非は別として、本書で挙げた政策課題すべてに対応している点で、国レベルの政策として十分検討に値する内容となっているのではないだろうか。

### 3　デジタルアーカイブ政策の捉え直し

デジタルアーカイブ政策を実質的なものとしていくためには、国レベルだけではなく、デジタルアーカイブの実際の構築・運営主体となる様々な組織・団体・機関あるいは個人の主体的な関与：政策形成の仕組みを構築していく必要がある。こうした動きは当然ながらデジタルアーカイブ政策についてのみ当てはまるわけではなく、地方行政の場で、公共サービスの提供側と利用側を明確に分けるのではなく、「自治体も関係者が議論する『場』（プラットフォーム）を提供し、個々の公共サービスは、市民や企業が考え、提供する」公共サービスの共創という理念[33]につながるものと言えよう。また、ＮＰＭ（New Public management）等の影響下政府・地方自治体の行政サービスの効率性・効果性・経済性を重視して導入が進んだ民営化や公民連携（ＰＰＰ）のマイナス面への反省から近年顕著になってきた「再公営化[34]」の世界的潮流にも合致している。

こうした観点から、改めて第一節で提示したデジタルアーカイブ政策の課題（前項の整備推進法骨子案の検討を通して浮かび上がった「国際発信と多面的な活用方策」を第九点として追加）を見てみよう。

①　デジタルアーカイブ概念の明確化と普及
②　設置の促進と制度整備
③　法規整備
④　政策主体の多元化と協力体制
⑤　教育制度の整備

⑥　新しい情報技術の適用
⑦　産業振興
⑧　存続と信頼性の確保
⑨　国際発信と多面的活用方策

これらのすべての事項で政府が何らかの役割を果たすべきことは当然であるが、政府が専ら行わなければならない事項は、②を除いてほとんどないと言えるのではないだろうか。③の法規整備ですら、すでに指摘したようにハードローは国や地方自治体でなければ制定できないが、肖像権の処理を始めソフトローの役割が今後重要になっていくことは明らかである。良し悪しを一刀両断に法律で決めるのではなく、多様な関係者の声を反映した民間レベルのガイドライン等を作成・運用しながら恒常的に改善していく方法をとるとすれば、学会や専門職団体が果たすべき役割は大きい。

②の制度整備以外では、これらの項目の中で、政府が中心となってすべき、あるいは政府でなければできないことは、⑧のうちのデジタルアーカイブのデータを恒久的に保存する仕組みを制度的・経済的・技術的につくることだけかもしれない。そのことは、デジタルアーカイブ政策の形成と実行に関して政府の役割が小さくていいということではなく、「民間レベルの政策」を強力に支援していく役割があるということだろう。(35)

# おわりに――デジタルアーカイブの公共性

近年の公文書問題を巡って我が国の政治・行政の在り方の問題点が再び明らかになってきたが[36]、そもそも「公文書＝政府が作成する文書」という前提に問題はないのだろうか。公文書が行政担当者だけでなく市民にとって重要なのは、それが政策形成と政策決定の記録であり、公文書を作成することが政策をつくっていくことに直結しているからだろう。そして政策形成に関わる主体が政府（地方政府を含む）には限定されず、多様な関係者（ステークホルダー）の多様な関与によるとすれば、企業、ＮＰＯ、研究者、専門職等によって作成された文書を「私文書」として公文書に対比するのではなく、公文書・私文書両方に公共性の高い文書が存在し、それらを対象に「公共文書」という概念を新たに提示する必要があるように思われる[37]。そのことは公共政策・公共サービスを政府が独占するのではなく、民間の多様な主体が担うことを意味している。逆に言えば、「公共」の責任を民間も負う覚悟が必要ということだ。

もともと公文書とそれを保管するアーカイブとは密接な関係にある。特に我が国では、アーカイブと言えば公文書館を専ら指していた時代も長く、「公文書等が、健全な民主主義の根幹を支える国民共有の知的資源として、主権者である国民が主体的に利用し得るもの[38]」とされている。それに倣えば、国民共有の知的資源としての「公共文書」の多くがデジタル化しつつある時代を支えるのはデジタルアーカイブとなる。しかも、アーカイブの時代には、物理的・技術的・制度的制約によって、個別のアーカイブが所蔵する資料は地域・テーマ・メディア等の面で限定されざるを得なかったが、ネットワーク性を最大の特長とするデジタルアーカイブは、特定のコミュニティに属しながら、全国的・世界的な情報・知識へのアクセスを可能にする。公共政策は、こうしたデジタルアーカイブの公共的知識基盤の上にこそ築かれるべきものだろう。

注

（1）谷口知司「第三章　デジタル情報記録管理と開発のための人材養成」『デジタルアーカイブの資料基盤と開発技法』水嶋英治ほか編著、晃洋書房、二〇一六年、五四頁。

（2）古賀崇「デジタル・アーカイブの可能性と課題」『デジタル・アーカイブとは何か―理論と実践』岡本真・柳与志夫責任編集、勉誠出版、二〇一五年、六五頁。

（3）第七章第二節第一項参照。

（4）柳与志夫『文化情報資源と図書館経営』勁草書房、二〇一五年、三五四―三五七頁。なお、同書では文化資源の情報資源としての側面を強調するため、「文化情報資源」の用語を用いているが、本書の「文化資源」も同じ意味で使用している。

（5）中国市場におけるグーグルの対応は、その典型的な例と言えよう。Ref. Sheehan, Matt.「中国に勝ち、そして負けたグーグルは悲願の再参入を果たせるのか?」MIT Technology Review, 二〇一九年二月八日。<https://www.technologyreview.jp/s/119327/how-google-took-on-china-and-lost/>（二〇一九年九月八日）

（6）たとえば日本の国立国会図書館では、政府・地方自治体等のウェブサイトを定期的にクロールして収集するWARP（インターネット資料収集保存事業）や、無償でDRMがない私人のオンライン資料を収集・保存するeデポ（オンライン資料収集制度）などの事業に取り組んでいる。<https://www.ndl.go.jp/jp/collect/internet/index.html>
<https://www.ndl.go.jp/jp/collect/online/index.html>（二〇一九年九月一〇日）

（7）「『知財立国』足元は車頼み　黒字一〇年で三・四倍、著作権は赤字」『日本経済新聞』二〇一九年九月一六日朝刊（都内一四版）、三面。

（8）第一章第四節参照。
（9）第三章第二節参照。
（10）第七章第三節参照。
（11）長坂俊成「自治体が運営する災害デジタルアーカイブ　肖像・プライバシー等を巡る現状と課題」福井健策監修『権利処理と法の実務（デジタルアーカイブ・ベーシックス第一巻）』勉誠出版、二〇一九年、六七―八一頁。
（12）二〇一九年九月二六日にデジタルアーカイブ学会主催で開かれた「肖像権ガイドライン円卓会議　デジタルアーカイブの未来をつくる」はそのような趣旨を体現したものと言えよう。
（13）三宅茜巳・井上透・松家鮎美「デジタルアーカイブと人材養成――知識基盤社会を支える人材―デジタル・アーキビスト―育成教育」『デジタルアーカイブ学会誌』第二巻第四号、二〇一八年一〇月、三七六頁。
（14）同前、三八二頁。
（15）二〇一七年度から東京大学大学院学際情報学府で「デジタルアーカイブ原論」と称する全学大学院横断の授業を実施している。毎年文系・理系半々ぐらいの二〇名程度が受講し、デジタルアーカイブの基礎概念、文字・画像・映像・音声のデジタル化・構造化、メタデータ付与、著作権等権利処理、検索等のスキルに加えて、関連するネットワーク論、産業論、情報システム論等の最新知識を身に付けることを目的にしている。一般の授業と同じように週一回の開講であるが、週三日程度四週間で集中的に行なえれば、はるかに効果的であるように思われる。
（16）そのような趣旨に基づいて、我が国初の産業団体である「デジタルアーカイブ推進コンソーシアム（DAPCON）」が二〇一七年に設立された。<https://dapcon.jp/>（二〇一九年九月二一日）
（17）最近の事例では、二〇一九年の「アーカイブサミット二〇一八―二〇一九」や「デジタルアーカイブ学会第三回研究大会」で特にセッションが設けれ、集中的に議論された。Ref. 井上透「全国の特色ある小規模コレクションアーカイブ・DAの意義と維持・発展の可能性」『アーカイブサミット二〇一八―二〇一九』（パンフレット）アーカイブサミット組織委員会、二〇一九年六月一一日、六頁。及び、福島幸宏「企画セッション（六）アーカイブの継承」『デジタルアーカイブ学会誌』第三巻第三号、二〇一九年六月、二八八頁。

（18）柳与志夫『知識の経営と図書館』勁草書房、二〇〇九年、一八六—一八八、二一〇—二一一頁。

（19）同前、二一一頁。

（20）その全般的状況は以下を参照。時実象一「世界のデジタルアーカイブの状況」『デジタルアーカイブ学会誌』第一巻第一号、二〇一七年九月、四〇—四五頁。また、欧州・アジア主要国におけるナショナルデジタルアーカイブの事例としては、以下を参照。時実象一「欧州のナショナル・アグリゲータ」『デジタルアーカイブ学会誌』第三巻第三号、二〇一九年六月、三五三—三五七頁。及び、阿部卓也ほか「アジア・環太平洋地域のナショナルデジタルアーカイブ政策——文化資源の統合と連携の諸相」『東京大学大学院情報学環紀要　情報学研究』第九二号、二〇一七年三月、二七—六八頁。

（21）Thylstrup, Nanna Bonde. *The Politics of Mass Digitization*, The MIT Press, 2018, p. 20.

（22）全般的な状況については、吉見俊哉「なぜ、デジタルアーカイブなのか？——知識循環型社会の歴史意識」『デジタルアーカイブ学会誌』第一巻第一号、二〇一七年九月、一七—二〇頁、を参照。こうした遅れは、デジタルアーカイブ以前の、情報政策・文化情報資源政策が我が国で統合的に形成されることがなかったことに起因していると考えられる。Ref. 柳与志夫『知識の経営と図書館』一八六—一八八、二一八—二二六頁。

（23）笠羽晴夫『デジタルアーカイブ　基点・手法・課題』水曜社、二〇一〇年、一七頁。

（24）総務省が国会図書館と連携して作成した「震災関連デジタルアーカイブ構築・運用のためのガイドライン」（二〇一三年三月）が目につく程度である。<http://www.soumu.go.jp/menu_seisaku/ictseisaku/ictriyou/02ryutsu02_03000114.html>（二〇一九年九月二三日）

（25）<http://archivesj.net/summit2017/summit/>（二〇一九年九月二三日）

（26）生貝直人「ナショナルデジタルアーカイブの条件について」『Я（アール）：金沢二一世紀美術館研究紀要』第

六号、二〇一六年、九頁。
(27) 阿部卓也ほか、前掲論文、五七頁。
(28) 同誌の第一巻創刊準備号、第二巻第二号・第四号、第四巻第一号・第二号から抜粋。
(29) 一般に「ステークホルダー(stakeholder)」は利害関係者と訳されることが多いが、関係する要因は利害に限定されず、むしろ使命や理念、社会的役割が大きな部分を占める場合もあるので、ここでは単に「関係者」とした。
(30) その概要については以下の論考を参照。伊藤裕夫「文化芸術基本法――その政策的背景を読む」『文化経済学』第一六巻第一号、二〇一九年三月、二九―三一頁。
(31) 福井健策・藤森純「デジタルアーカイブ活用促進のための新しい法的環境の在り方」『権利処置と法の実務』pp. 192-216. なお、同論文は骨子案作成に至る政府関連の検討経緯についても手短にまとめている。
(32) 前掲論文、二〇九―二一〇頁。
(33) 川島宏一「データ共有とまちづくり①」『日本経済新聞』二〇一九年九月二七日朝刊、二九面。
(34) 岸本聡子、オリヴィエ・プティジャン編『再公営化という選択　世界の民営化の失敗から学ぶ』堀之内出版、二〇一九年、参照。但し、再公営化と言っても、単純に自治体直営に戻すということではなく、自治体、市民、NPO、企業、専門職団体、政治家など様々な関係者が協力して運営していくことを原則としている。
(35) そうは言っても、その初動となる基本法の制定は、学会や産業団体等の支援は期待できても、国でなければできないことである。
(36) 一連の動きについては、瀬畑源『公文書問題 日本の「闇」の核心』集英社、二〇一八年、参照。
(37) 瀬畑源「『官』に独占された『公文書(official document)』概念を捉え直す――『公共文書(public document)』への展開」『アーカイブサミット二〇一八―二〇一九』(前掲)
(38) 公文書管理法第一条(平成二十一年法律第六十六号)

# あとがき

本書は既発表論文四本と書下ろし四本からなり、一番古いEUの文化情報資源政策をレビューした第一章は二〇〇三年、そして今回二〇一九年に書いた我が国のデジタルアーカイブ政策を論じた第八章との間に一六年の月日が流れている。そして改めて驚いたのは、我が国の現在の文化情報資源政策が二〇〇三年のEUの政策的取組の入り口にもまだ達していないことだった。もちろん個別の政策で見れば、日本がEUよりも進んでいる分野もあるが、デジタルアーカイブ政策もその一部として含まれるであろう我が国としての文化情報資源政策全体の枠組みがいまだ形成されておらず、多くの分野で立ち遅れや整合性のない政策間での齟齬が生じているように思われる。

その理由はいろいろあるだろうが、そのひとつに文化情報資源に関して全体的な戦略を組み立てるための理論が十分形成されていないこと、それ以上に、理論に基づいて政策形成をしていく環境・風土が醸成されていないことがあるように思われる。このことは多かれ少なかれあらゆる政策分野に言えることだろうが、特に「知識・情報」自体を政策対象とする文化情報資源政策・デジタルアーカイブ政策の分野では、政策を支える理論構築と理論の政策化が一体となって機能することは、本質的な問題ではないだろうか。さらにその政策形成過程においては、これまでのような官中心ではない、あらゆるセクターの人たちの知識・情報を活用していく新しい行政スタイルが求められるのである。

思い起こせば、吉見俊哉氏や福井健策氏などと産官学民の有志で文化資源戦略会議を立ち上げたのが二〇一二年一〇月、その最初の成果が『アーカイブ立国宣言』（ポット出版、二〇一四年）であった。その後アーカイブサミットの開催、デジタルアーカイブ学会やデジタルアーカイブ推進コンソーシアムの設立など、産官学民横断の新しい政策形成スタイルの実践を試みてきたが、そろそろ国全体として文化情報資源政策全体のスキーム構築に向けて取り組むべきときではないだろうか。

幸い二〇一九年五月には、デジタルアーカイブ学会の中に二、三十代の若手研究者が中心となる「デジタルアーカイブ理論研究会」が立ち上がり、活発な議論が展開されている。また同じ学会内の法制度部会では「肖像権ガイドライン」作成というソフトローの側面からの政策的アプローチも始まっている。まだ考察の初期段階であるにもかかわらず、本書に「デジタルアーカイブの理論と政策」という大それたタイトルをつけたのも、こうした機運をつくっていく一助になることを願ってのことなので、ご寛恕いただければ幸いである。

本書には竹内比呂也氏、野末俊比古氏、松永しのぶ氏との共著論文が収録されている。再録をご快諾いただいた三氏に改めて感謝の意を表したい。

最後に、本書は勁草書房で出していただいた『知識の経営と図書館』『文化情報資源と図書館経営』に続く三冊目であるが、いずれも編集は藤尾やしおさんにご担当いただき、安心して執筆に専念することができた。この場を借りて感謝したい。第三章で言及した現在取組中のビヨンドブックプロジェクトにおいて、書籍、電子書籍、インターネット情報源では担えない新しい知識構成物（変な表現であるが）の機能を考えた際、書籍・雑誌等における編集者の役割の重要性に改めて気づかされた。デジタルアーカイブの発展の中で、どのような新しい「デジタル文化資源編集者」像が浮かび上がってくるのか、それを考え、実現するためのデジタルアーカイブの理論と政策なのである。

二〇一九年一二月

柳　与志夫

**著者略歴**

1954年　大阪府生まれ
1979年　慶應義塾大学卒業。同年国立国会図書館入館。
2004年9月から2008年3月まで千代田区へ出向、教育委員会事務局図書文化財課長兼千代田図書館長、国立国会図書館電子情報部司書監等を経て
現　在　東京大学大学院情報学環特任教授
専　攻　図書館経営論、文化情報資源政策論
主　著　『図書館経営論』（学文社、2007）、『知識の経営と図書館』（勁草書房、2009）、『千代田図書館とは何か：新しい公共空間の形成』（ポット出版、2010）、『図書館制度・経営論』（学文社、2013）、『文化情報資源と図書館経営：新たな政策論をめざして』（勁草書房、2015）ほか


デジタルアーカイブの理論と政策
デジタル文化資源の活用に向けて

2020年1月20日　第1版第1刷発行

著　者　柳　与志夫

発行者　井村寿人

発行所　株式会社　勁草書房

112-0005　東京都文京区水道2-1-1　振替　00150-2-175253
（編集）電話　03-3815-5277／FAX　03-3814-6968
（営業）電話　03-3814-6861／FAX　03-3814-6854
三秀舎・松岳社

ISBN978-4-326-00048-7　Printed in Japan

# 索　引

## アルファベット



## ア行



## カ行



## サ行

## タ行



## ナ行



## ハ行



## マ行



## ラ行

# 参考文献一覧

ウィリアム・F・バーゾール『電子図書館の神話』根本彰ほか訳，勁草書房，1996 年.
岡本真・柳与志夫責任編集『デジタル・アーカイブとは何か：理論と実践』勉誠出版，2015 年.
笠羽晴夫『デジタルアーカイブ：基点・手法・課題』水曜社，2010 年.
ジャン - ノエル・ジャンヌネー『Google との闘い：文化の多様性を守るために』佐々木勉訳，岩波書店 , 2007 年.
谷口知司編著『デジタルアーカイブの構築と技法：ミュージアムから地域振興へ』晃洋書房，2014 年.
時実象一『デジタル・アーカイブの最前線：知識・文化・感性を消滅させないために』講談社，2015 年.
長尾真『電子図書館　新装版』岩波書店 , 2010 年.
野中郁次郎・紺野登『知識経営のすすめ：ナレッジマネジメントとその時代』筑摩書房，1999 年.
福井健策『誰が「知」を独占するのか：デジタルアーカイブ戦争』集英社，2014 年.
福井健策監修・数藤雅彦責任編集『権利処理と法の実務』（デジタルアーカイブ・ベーシックス第 1 巻）勉誠出版，2019 年.
フレデリック・W・ランカスター『紙なし情報システム』植村俊亮訳，共立出版，1984 年.
水嶋英治ほか『デジタルアーカイブの資料基盤と開発技法：記録遺産学への視点』晃洋書房，2016 年.
村瀬拓男『電子書籍の真実』毎日コミュニケーションズ，2010 年.
安澤秀一・原田三朗編『文化情報学：人類の共同記憶を伝える』北樹出版，2002 年.
柳与志夫『知識の経営と図書館』勁草書房，2009 年.
柳与志夫『文化情報資源と図書館経営：新たな政策論をめざして』勁草書房，2015 年.
柳与志夫責任編集『入門デジタルアーカイブ：まなぶ・つくる・つかう』

勉誠出版，2017 年.
渡邉英徳『データを紡いで社会につなぐ：デジタルアーカイブのつくり方』講談社，2013 年.

# 初出一覧

第一章　「わが国における文化・知的情報資源政策形成に向けての基礎的考察」（竹内比呂也・野末俊比古氏との共著）『文化経済学』第3巻第4号，文化経済学会，2003年9月，pp. 27-42.

第二章　「デジタル文化資源構築の意義」NPO 知的資源イニシアティブ編『デジタル文化資源の活用：地域の記憶とアーカイブ』勉誠出版，2011年，pp. 143-156.

第四章　「我が国の電子書籍流通における出版界の動向と政府の役割：現状と今後の課題」『レファレンス』第738号，国立国会図書館，2012年7月，pp. 33-50.

第五章　「電子書籍と公共図書館：デジタルアーカイブという可能性」（松永しのぶ氏との共著）植村八潮・柳与志夫編『ポストデジタル時代の公共図書館』勉誠出版，2017年，pp. 169-191.